川畑直人・大島剛・郷式徹［監修］
公認心理師の基本を学ぶテキスト

9

感情・人格心理学

「その人らしさ」をかたちづくるもの

中間玲子［編著］

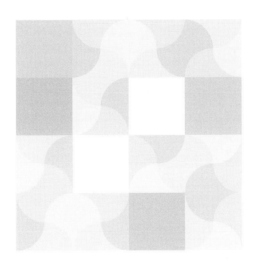

ミネルヴァ書房

公認心理師の基本を学ぶテキスト
監修者の言葉

　本シリーズは，公認心理師養成カリキュラムのうち，大学における必要な科目（実習・演習は除く）に対応した教科書のシリーズです。カリキュラム等に定められた公認心理師の立場や役割を踏まえながら，これまでに積み上げられてきた心理学の知見が，現場で生かされることを，最大の目標として監修しています。その目標を達成するために，スタンダードな内容をおさえつつも，次のような点を大切にしています。

　第一に，心理学概論，臨床心理学概論をはじめ，シリーズ全体にわたって記述される内容が，心理学諸領域の専門知識の羅列ではなく，公認心理師の実践を中軸として，有機的に配列され，相互連関が浮き出るように工夫しています。

　第二に，基礎心理学の諸領域については，スタンダードな内容を押さえつつも，その内容が公認心理師の実践とどのように関係するのか，学部生でも意識できるように，日常の生活経験や，実践事例のエピソードと関連する記述を積極的に取り入れています。

　第三に，研究法，統計法，実験等に関する巻では，研究のための研究ではなく，将来，公認心理師として直面する諸課題に対して，主体的にその解決を模索できるように，研究の視点をもって実践できる心理専門職の育成を目指しています。そのために，調査や質的研究法の理解にも力を入れています。

　第四に，心理アセスメント，心理支援をはじめとする実践領域については，理論や技法の羅列に終わるのではなく，生物・心理・社会の諸次元を含むトータルな人間存在に，一人の人間としてかかわる専門職の実感を伝えるように努力しています。また，既存の資格の特定の立場に偏ることなく，普遍性を持った心理専門資格の基盤を確立するよう努力しています。さらに，従来からある「心理職は自分の仕事を聖域化・密室化する」という批判を乗り越えるべく，多職種連携，地域連携を視野に入れた解説に力を入れています。

第五に，保健医療，福祉，教育，司法・犯罪，産業といった分野に関連する心理学や，関係行政の巻では，各分野の紹介にとどまるのではなく，それぞれの分野で活動する公認心理師の姿がどのようなものになるのか，将来予測も含めて提示するように努力しています。

　最後に，医学に関連する巻では，心理職が共有すべき医学的知識を紹介するだけでなく，医療領域で公認心理師が果たすべき役割を，可能性も含めて具体的に例示しています。それによって，チーム医療における公認心理師の立ち位置，医師との連携のあり方など，医療における心理職の活動がイメージできるよう工夫しています。

　心理職の仕事には，①プロティアン（状況に応じて仕事の形式は柔軟に変わる），②ニッチ（既存の枠組みではうまくいかない，隙間に生じるニーズに対応する），③ユビキタス（心を持つ人間が存在する限り，いかなる場所でもニーズが生じうる），という3要素があると考えられます。別の言い方をすると，心理専門職の仕事は，特定の実務内容を型通りに反復するものではなく，あらゆる状況において探索心を持ちながら，臨機応変に対処できること，そのために，心理学的に物事を観察し理解する視点を内在化していることが専門性の核になると考えます。そうした視点の内在化には，机上の学習経験と「泥臭い」現場の実践との往還が不可欠であり，本シリーズにおいては，公認心理師カリキュラムの全科目において，学部生の段階からそうした方向性を意識していただきたいと思っています。

　公認心理師の実像は，これから発展していく未来志向的な段階にあると思います。本シリーズでは，その点を意識し，監修者，各巻の編集者，執筆者間での活発な意見交換を行っています。読者の皆様には，各巻で得られる知識をもとに，将来目指す公認心理師のイメージを，想像力を使って膨らませていただきたいと思います。

　　2019年2月

　　　　　　監修者　川畑直人・大島　剛・郷式　徹

目　次

索　引

序章　感情とパーソナリティに関する心理学

中間玲子

1　はじめに

　感情というものは，私たちが日常生活において世界と向き合い，それを理解し関係を作っていくためのチャンネルとしての役割を果たしている。私たち人間は，自分のうちに，他者の姿に，そしてときには自然や人工物にさえ"感情"の存在を感じとって生活している。この営みの歴史は古い。有史以来人間は，感情というものを通して，心の動きをとらえようとしてきた。我々の祖先は，雷鳴からは怒りを，春の訪れからは喜びを感じとり，多くの神話を紡いでは語り継いできた。ギリシャ神話は怒りや愛や嫉妬なしには成立しないし，古事記もイザナギノミコトとイザナミノミコトの愛と怒りと憎しみによる大げんかなしには始まらない。

　そのような心の動きには個人差がある。ギリシャ神話の女神ヘラの嫉妬深さ，古事記のイザナミの激しい怒りなどは，その人の特徴やその人が織りなす人間関係を描く上で欠かせない。感情があまり動かないということもまたその人らしさとなる。出産を終えたさくらももこ氏は，赤ん坊をひと目見るなり愛情大爆発になっていた夫とは対照的な自分にやや驚きつつ，「私はいつ大感動が訪れるのかとずっと待っていたのだが，訪れぬまま遂に夜になってしまった。私はこんなにも無感動だったのであろうか。…（中略）…だが，考えてみれば私は誰に対してもいきなり愛情ホールインワンというふうにならない性質である

1

ことを思い出した。」（さくら，1995，p. 113）と，冷静に分析している。

　たとえ同じ状況であっても，私たちは皆，それぞれの仕方でそれぞれの状況に反応している。感情に関する側面に限らず，このような事実はいくらでも見つけられよう。それぞれの人が，その人らしい行動をとることが可能であるのは，私たちがそれぞれ個別の人間たるための「人格」を持っているからだと考えられてきた。その特徴に関する議論は古代ギリシャの時代にまで遡る。

　さて，本書は「感情」と「人格」に関して，これまで心理学がどのように議論を重ね，それらを理解する知見を蓄積してきたかについての本である。心理学で検討する概念のほとんどは，現象として存在する“何か”を，言葉によって議論可能な対象とする手続きを含む。そのため心理学研究には，現象の中核をどのように切り取るか，それらにどう言葉をあてるか，その言葉をどう定義するか，という問題がつきまとう。感情や人格に関する議論も例外ではない。このことは心理学研究における前提として認識してほしい。加えて，欧米の研究を多く参照する心理学研究では，実質的な議論以前に，翻訳由来の言葉の問題も存在する。本論に入る前に，その片鱗をのぞいてみよう。

2　感情に関する言葉の問題

　現在の心理学研究につながる感情についての議論が始まったのは明治初期である。西洋の言語が輸入される中で『哲学字彙』（井上，1881）において，“affection”に「感染，情款（じょうかん）」が，“emotion”に「情緒」が，“feeling”に「感応」が，“sensibility”に「感性」の語が，それぞれ当てられた。その後，最初の心理学事典である『術語詳解――教育心理論理――』（普及舎，1885）においてそれらの言葉が解説されているのだが，とくに「情緒」の項（p. 125）において，感情に関する他の用語との区別が詳述される。とりわけ強調されるのは，情緒とは，一時的な感情に圧倒させられて心意（mind）が凌駕されてしまうような下等の情（passion）とは異なり「感覚激烈なるも尚理性の弁決力」をもつものであるということである。別項として「本能上ノ情緒」（p. 25）があり，

それは，「極めて単純下等なる情緒であり，道理上の情緒とは異なる」，「推断や推察力とは大いに異なる」，獣も持つものであるところとされる。「情緒」がわざわざ「本能上ノ情緒」と区別され，理性の働きをもった感情として説明されているところが興味深い。

だが「情緒に流される」というように，現在は理性と対比的なものとして情緒がとらえられることもある。知・情・意という言葉があるように，人間の精神活動における知性や意志と明確に区別されたりもする。感情というものをどのような観点から切り取り，どのような概念として定義づけるかは研究の発展によって，あるいは論者の立場によって変わる。それぞれの知見がいつの時代に提出されたものなのか，どのような問題意識から展開された研究であるかにも注意しながら読み進めてもらいたい。

また，学問とは関係ない事情で用語が変わることもある。たとえば本書では「情緒」という言葉はほとんど用いられず，その代わり，「情動」という言葉が用いられている。これらはいずれも emotion の訳なのだが，吉田（1993）によると，戦後，「緒」の字が当用漢字になかったため「情動」という言葉が用いられるようになったという。もちろん，emotion の語源が "move" という意味をもつことから，よりふさわしい訳語と判断されたところもあるだろう。本書における原語の併記はあまり多くないが，必要な場合には，原語もおさえながら理解していく必要がある。

3　人格をめぐる言葉の問題

「人格」という言葉は，1934年の『英和口語辞典（第三版）』において personality の訳語として登場したとされる（日本国語大辞典第二版編集委員会，2002）。それまではまず「人たる事。人を区別する事」（高橋・前田・前田，1869，p. 424），そして「人品」（柴田・子安，1882，p. 740；井波，1886，p. 483），「人柄，人身，人性」（神田他，1902，p. 714），「特性，持前」（長谷川，1903，p. 337）などと訳されてきた。それらと並んで，「人を誹謗する事」や「人身攻撃，誹謗」

といった意味の訳も併記されている。

　ちなみに「性格」は，神田ら（1902）において character の訳の第一義として登場し，「性質，品性，性格」（p. 169）と訳されている。character は「徴」「文字」の意味が最初の訳として示されることが多く，「性質」（高橋他，1869，p. 87），「性質，品格，名誉」（柴田・子安，1882，p. 145），「品格，品質，行状」（井波，1886，p. 115）など，その人の内部に宿る特性を実在的にとらえようとする言葉とされたことが推測される。character は「刻みつける」という意味のギリシャ語を語源にもち，その言葉は比喩的に「個人の特徴の定義づけ」へと意味を広げていったという経緯をもつ。

　それに対して personality は，外に現れるその人らしさといった全体的な様をとらえる言葉とされたように見受けられるのだが，personality は舞台役者のかぶる仮面を意味するラテン語を語源にもち，他人から見られる外観からそれをつける個人の内面を指すものを意味するように発展したとされる。明治初期の訳語における両者の区別は，語源から来る違いを反映させて両者を区別しようとしていたとみることができそうであるが，言いすぎだろうか。これは筆者の推論の域にとどまることも補足しておこう。

　今日の心理学研究では，ほとんどの場合，personality という言葉が用いられている。心理学における議論では，人格に発達や変化の可能性を想定することが多いこと，人格とは何かについて行動特徴などから帰納的に検討していくことが多いこと，また，道徳的あるいは社会的な価値判断とは別の次元で個人差を論じることを念頭におくことが多いことから（第5章参照），character より personality の語を用いる方が適切なのであろう。

　とはいえ今日の心理学研究においてもっぱら「人格」という言葉だけが用いられているのかというとそうではない。たとえば個別の行動特徴に焦点化して personality を取り上げようとするとき，人格というより性格といった方が日常的な感覚に近くなり，説明がしやすい（たとえば「攻撃的な性格」）。personality を測定する検査には「人格検査」も「性格検査」も存在する。

　このような事情のため，人格に関する心理学の議論は，「パーソナリティ」

とカタカナの用語でなされることが多くなっている。本書でも基本的にはその原則に則ることとする。ただし，心理検査の名称など，固有名詞に相当するところはそのまま変更せずに「人格」あるいは「性格」という言葉を用いる。

4　本書の構成

　本書は大きく三つのパートからなっている。第Ⅰ部は第1章から第4章の部分を通して論じられる「感情に関する理論及び感情喚起の機序」「感情が行動に及ぼす影響」についての内容である。

　第1章「感情の定義と理論」では，感情というものを心理学の議論の対象とすることの難しさをふまえながら，感情の機序や機能について，これまでに提出されてきた代表的な理論について紹介する。

　第2章「感情の生起」では，情動体験や情動反応がどのように生じるのかについて，また，感情が生じたことによって私たちの認知過程はどのような影響を受けるのかを学ぶ。感情と認知の分かちがたさをあらためて感じることだろう。

　第3章「感情と行動」では，私たちの生存や進化過程との関係から，また，感情の作用による認知機能や意思決定や社会的行動の変容の仕組みから，「私たちにはなぜ感情があるのか」について掘り下げる。

　第4章「感情の失調と制御」では，日常生活で適切に感情を経験・表出するための感情制御のプロセスと発達，その応用について理解し，さらに，感情とうまくつきあう個人の能力あるいは特性としての感情知性という考え方を紹介する。第3章と合わせて，感情について多面的に考える機会となるだろう。

　第Ⅱ部は，第5章から第9章までからなる「パーソナリティの概念及び形成

→1　厚生労働省（2017）は，公認心理師のカリキュラムの中の大学における必要な科目である「感情・人格心理学」に含まれる事項として，「1．感情に関する理論及び感情喚起の機序　2．感情が行動に及ぼす影響　3．人格の概念及び形成過程　4．人格の類型，特性等」を挙げている。

過程」「パーソナリティの類型，特性等[2]」についての内容である。

　第5章「パーソナリティの定義」では，心理学以前のものも含めてパーソナリティという概念に対する研究史が示される。パーソナリティ概念に魅入られた研究者たちは，あらゆる人を理解・整理できるようなパーソナリティ理論の構築を目指してきた。その考え方の変遷，検討方法の変遷について学ぶ。

　第6章「パーソナリティの測定」では，質問紙法，作業検査法，投影法といった基本的な事柄について理解するとともに，それらによって何が測られるのかについて批判的な検討を加える，顕在的測定・潜在的測定という考え方についても学ぶ。

　第7章「代表的なパーソナリティ理論」では，今日のパーソナリティ研究における理論的基盤として共有されている代表的なパーソナリティ理論を紹介する。各理論の問題意識や検討手法など，背景や立場の違いも理解しながら各理論の特徴をつかむ。

　第8章「パーソナリティの形成」では，パーソナリティの形成における遺伝と環境の影響の問題，パーソナリティの可塑性，つまりパーソナリティは変わるのかという問題，そして，パーソナリティと病理についての問題という，いわばパーソナリティをめぐる伝統的な問いが取り上げられる。

　第9章「パーソナリティの病理」では不健康や病理と結びつくパーソナリティの問題の概要とともに，その問題を抱えた人に向き合う臨床実践について考える。人間の行動をいくつかの心的な力の葛藤の妥協形成の結果としてとらえる力動的観点の立場から議論を展開する。

　第Ⅲ部は「自己と感情とパーソナリティ」に関する内容である。

　第10章「自己と感情」では，自分自身に意識を向ける自己意識に焦点が当てられ，それと結びついた感情である自己意識的感情について，また，その生起プロセスに介在する自己評価過程について学ぶ。

　第11章「自己と認知」では，私たちがそれぞれ独自にもっているそれぞれの

➡2　1参照。

認知的枠組みである"主観"について考える。その中心として想定される"自己"という概念に注目し，その性質や作用がどのように検討されてきたのかを紹介する。その作用の仕方や方向性には文化差があることも指摘する。

　第12章「自己とパーソナリティ」では，健康なパーソナリティとは何かを考えるために，「自己実現」の概念を紹介する。その概要やそれを可能にするであろう自我の発達過程についての知見とともに，その価値の再考を促す話題も示し，健康なパーソナリティについてさらに深く考えることを目指す。

　第13章「自分らしく生きるために」は，自分らしいキャリア選択をテーマに，心理職が理解しておくべきポイントと支援について考える章である。キャリア選択には自分自身のパーソナリティを理解することが不可欠である。またいかなる環境に身を置いているかを知ることも重要となる。ジェンダーをめぐる議論はその事例としても読めるだろう。

　公認心理師が国家資格化されたことで，心理学を学ぶ人たちはこれからも増えていくだろう。本書が心理学への入り口の役割を果たすことができると幸甚である。ただし本書は，資格取得のための効率的なテキストというよりも，研究の視点や知見をもった実践者を目指す人のためのテキストである。人の心という目に見えないものを，公共的に議論できるように概念化し，検討を重ねて知見を得るとはどういうことか，ということについても目を向けながら，読み進めてほしい。

引用文献

普及舎（1885）．術語詳解──教育心理論理──　普及舎

長谷川　方文（1903）．新英和辞林　六盟館

井波　他次郎（1886）．新撰英和字典　雲根堂

井上　哲次郎（編）（1881）．哲学字彙　東京大学三学部

神田　乃武・横井　時敬・高楠　順次郎・藤岡　市助・有賀　長雄・平山　信（編）（1902）．新訳英和辞典　三省堂

厚生労働省（2017）．公認心理師カリキュラム等検討会報告書　https://www.mhlw. go. jp/file/05-Shingikai-12201000-Shakaiengokyokushougaihokenfuku shibu-Kikakuka/0000169346.pdf（2020年 6 月19日閲覧）

日本国語大辞典第二版編集委員会（編）（2002）．人格　日本国語大事典第二版第
　　七巻（p. 550）　小学館

さくら ももこ（1995）．そういうふうにできている　新潮社

柴田 昌吉・子安 峻（1882）．英和字彙　日就社

高橋 新吉・前田 献吉・前田 正名（編）（1869）．和訳英辞書　American pres-
　　byterian mission press.

吉田 正昭（1993）．感情心理学の課題と実験美学　感情心理学研究, *1*, 3-25.

第 I 部

感情心理学

第1章 感情の定義と理論
——心と身体をつなぐもの

宇津木成介

感情は誰しもが体験する心理的状態であるが，同時に自律神経系の活動と体性神経系の活動を伴う身体の活動でもある。感情障害を訴えるクライエントに対して，心理臨床に携わる者として，身体症状の改善と心理的症状の改善のどちらを重要視するべきなのだろうか。感情が心の問題なのか，それとも身体の問題であるのかについては，心理学の歴史の中で議論が続いている。感情の心理学を学習するにあたって，この章ではまず，用語について若干の説明を行ったあと，この歴史的議論について概略を述べる。

1 感情の定義

1-1 感情とは

およそ19世紀ごろまでの心理学では，心のはたらきが知・情・意の三つに分けられていた。今日的に言えば，感情は「認知」や「動機づけ」とは異なる心のはたらきということになる。「感情」という言葉で括られる心の状態は，素朴に言えば，「心が穏やかでないこと」（平常心とは異なること）である。「感情」を日常語で説明することは容易である。誰でもが「うれしい」「悲しい」などの言葉で指し示すことができる体験を持っている。だから，「うれしい」とか「悲しい」という気持ちのことを「感情」と呼ぶのだと説明すれば，大抵の人は納得する。「喜怒哀楽」という熟語がある。「喜」「怒」「哀」「楽」はそれぞれ異なった体験であるが，われわれはそれらをひとまとめに括って「感

情」と呼んでいる。しかし，何を根拠に喜怒哀楽が一つのまとまりになるのか
と正面から考え始めると，答えを見つけることは難しく，感情の定義には一致
が見られていない（たとえば Izard, 2010）。

1-2 「感情」と「情動」

　感情に相当する英語は emotion であるが，emotion は日本語で**情動**と訳され
ることも少なくない。感情も情動も，英語ではどちらも emotion であるが，
日本語では，感情という語は，主観的に emotion が体験される場合に多く用
いられ，情動という語は，emotion にかかわる生理的現象や行動が客観的に観
察される場合に多く用いられる。たとえば，「A君はBさんと一緒にいると楽
しいが，離れ離れになると悲しい」のだとしよう。このような場合，「A君は
Bさんに対して『好き』という感情を持っている」と言われる。A君がBさん
と手をつなぐと，A君の心臓はドキドキする。呼吸も速くなるだろう。このよ
うな場合の身体的変化は情動的反応と呼ばれることがある。「感情」と「情動」
とは，日本語では少しニュアンスが違うものの，英語ではどちらも emotion
（形容詞としては emotional）であると理解しておくことにしよう[1]。

2　感情発生の機序と障害

2-1　感情発生の機序

　「うれしい」とか「悲しい」という，はっきりした感情をわれわれが持つ場
合，「自分の受験番号が合格者番号の一覧に見つからない。悲しい」というよ
うに，特定の原因がある。「よく見ると1を7と見間違えていた。自分の番号

→1　人の場合，emotion には意識的体験が伴う。英語の feeling は，この意識的体験
　に対応するものであり，「感情」と訳されることが多い。しかし feeling は主観的な
　「感じ」を包括的に指す言葉であり，「気分が悪い」「寒気がする」「熱っぽい」と
　きにも使われるものであり，emotion の訳語である「感情」とは意味にずれがある。
　なお，emotion は「感激」「感動」と訳されることもある。英語の emotion が必ず
　しも学術用語ではないことにも留意してほしい。

があった。うれしい」というように，特定の感情の原因が失われると，最初に生じた感情は失われ，別の感情が現れてくる。

　特定の事象が原因となって特定の感情を生じることは，われわれの周囲に多く観察される。「誕生日にプレゼントをもらって，うれしい」「長年飼っていたペットが死んで，悲しい」などの記述は，多くの人が自分にも当てはまると思い，共感するだろう。「財布を落としたので，うれしい」とか，「試験で一番になって，悲しい」という体験は，ありそうにない。また，生命の危険に直面するような事態が生じると，強い身体症状（呼吸困難，発汗，血圧の上昇など）と強い主観的体験（恐怖感）が生じる。強盗にナイフを突きつけられたとすれば強い恐怖の感情が生じるのが当然で，むしろ恐怖を生じないほうが，滅多に起こらない，例外的なことではないかと，われわれは考える。つまり特定の事象とそれによって引き起こされる感情との間には，社会文化的な**公共性**がある。

2-2　感情の障害

　強い喜びや悲しみの体験の後，「なんとなく嬉しい感じ」あるいは「なんとなく悲しい感じ」が続くことがある。原因となる事象が見当たらない場合でも，われわれは「なんとなく今日は憂うつ」だったり，「今日は何かいいことが起こりそう」な気がしたりする。このような，強度において弱く，持続的な感情状態のことを**気分**と呼ぶ。原因となる事象が見当たらない場合であって，気分の強度が強いために，本人や周囲に苦痛を生じる場合，**気分障害**といわれる。典型的には**うつ**や**多幸**（客観的状況にそぐわない強い幸福感）がある。

　社会文化的な公共性から外れて特定の感情が生じる，あるいは生じない場合，これは**感情障害**と呼ばれる。その典型は，**恐怖症**と呼ばれる症状である。恐怖症においては，多くの人が恐怖を感じない刺激，あるいは感じてもその程度が低い刺激に対して，非常に強い恐怖感が生じ，しばしば身体症状を伴う。高所恐怖症や閉所恐怖症は，比較的よく見られる恐怖症の例である。

　一方で，ほとんどの人が何らかの感情を体験する事態であるにもかかわらず，身体症状があっても主観的感情体験として感情を意識できない場合があり，こ

れは**アレキシサイミア**と呼ばれる。また，強いうつ状態や**統合失調症**においては，多くの人に感情体験を生じるような事態が生じても，主観的体験も身体的変化も生じない**感情鈍麻**といわれる症状が起こることがある。

これらの症状が実際に「障害」となるのは，本人，あるいは周囲の人々がそれによって不利益を被る場合である。

感情体験や身体の反応の大きさには大きな個人差がある。同一の事態に対して個々の人間が示す反応は，主観的，行動的，生理的に多様であるため，これらを情動的な側面における態度の個人差，つまり**特性**として把握し，必要に応じて評価し，それが母集団内で平均値からどの程度離れているかを推定することが必要になる場合がある。たとえば「怒り」感情やその表出（攻撃行動）に関しては，STAXI-2（Spielberger, 1999）をはじめ幾つかの尺度が作成されている。

3　感情の理論

3-1　感情の古典的理論

感情の機能①快─不快の判断

感情が人間にとって役に立つものか，それとも好ましくないものであるのかという点に関しては，哲学の歴史の中で様々な議論があった。「自分の中にありながら自分の思い通りにならない」感情は，**理性**的であるべき人間にとってはやっかいなものである。感情に流されないことが必要であると考えた哲学者や思想家は，古代ギリシア以来，枚挙にいとまがない。

感情の機能の一つとして，**快─不快**の判断がある。たとえば空腹感は一種の不快感であり，食べ物を口にすると快が生じ，ある程度食べると満腹感を生じて食べるのをやめる。それ以上の摂食は苦痛を生じるからである。摂食行動の制御は基本的に脳の**視床下部**で行われる。これは動物も同じであり，空腹になる（血糖値が低下する）と餌を探す。餌を見つけると食べ，ある程度食べると，摂食行動が停止する。

人も動物も，快を求め，不快を回避するように生きている。快と不快は，生きていくうえで有益なものには快感を，有害なものには不快感を生じさせることで，行動を適切に導く，一種の生得的評価装置であると考えられる。

快─不快の判断だけをとりだせば，それは一種の知的判断と言える。しかし実際にわれわれが体験する快─不快の判断には，ほぼ必ず，感情の体験が伴う。[2]怒りや悲しみなどが不快感なしに生じることはないし，喜びなどが快の体験なしに生じることもない。

感情の機能②コミュニケーションの手段

さらに感情には快や不快の体験のほかに，顔つきの変化や生理的変化が伴う。向こうから大好きな人が近づいてくると，快感情が生じるだけでなく，顔が赤くなったり口元がほころんだりする。これはなぜなのだろうか。

この問題に一つの解答を与えたのがダーウィン（Darwin, 1872）の**進化論**的説明である。ダーウィンによれば，感情反応は，動物の仲間同士のコミュニケーションの手段としてはたらく。毒蛇を見た者は目を見開き，口が半開きとなり，顔が青ざめる。それを見た仲間は，なにか恐ろしいものが来たことを知り，助けたり逃げたりすることができる。おいしい食べ物を食べると，顔がほころぶ。それを見た仲間は，よい食べ物があるらしいことを知ることができる。同様なことは，ヒト以外の動物，たとえばイヌが，状況に応じて尻尾を動かしたり，吠えたりする場合にも起こる。

つまりダーウィンによれば，感情はまず身体の反応である。感情は，動物の仲間同士の，**コミュニケーション**手段として始まったものであり，特定の状況に対して特定の反応が自動的に生じるという「反射的」（ダーウィン自身の言葉によれば「本能的」）反応である。

➡ **2** 「快・不快」「好き・嫌い」も感情として扱われることが少なくない。ここでは詳述できないが，「快」については脳の側坐核，内側前脳束，扁桃体，腹側被蓋野といった領域が関与し（報酬系と呼ばれる），伝達物質がドーパミンであることが知られている。多くの「依存症」と密接に関連する部位でもある。

ジェームズの末梢起源説

　現代の，とくにアメリカの心理学においては，ジェームズ（James, 1884）の感情理論が強い影響力をもっている。ジェームズは直接にダーウィンの説を採用しているわけではないが，人間の感情とはまず身体の本能的な反応であって，その身体の反応を意識的に知覚するときに，**感情体験**，すなわち喜怒哀楽の体験が生じるという説明を行った。ジェームズの説明は「感情の**末梢起源説**」と呼ばれる。これは，感情の主観的体験という知覚が，末梢の身体的生理的活動の結果として生じるということである。ジェームズの理論は，「悲しいから泣くのではない。泣くから悲しいのだ」という有名な言葉で言い表されている。

　ジェームズの理論は，自分自身の身体の活動を知覚することが感情体験を生み出すというものであったが，「クマを見て逃げ出すから怖いという気持ちが生まれるなら，雨が降ってきて走るときも同様に，雨が怖くなるはずだ」という批判を受けた。その批判をかわすためにジェームズは，**体性神経系**の活動である随意筋の運動に言及するのを止め，感情体験を生じさせる原因として，**自律神経系**の活動，つまり呼吸や心臓の活動を強調するようになった。

　ジェームズの理論を単純化すれば，以下のようになろう。特定の刺激が与えられると，特定の生理的変化や身体運動が本能的に生じる。この変化や運動の知覚が感情体験を生じさせるのである。つまり特定の刺激は必ず特定の感情体験を生じさせることになる。

末梢起源説への反論

　ジェームズの時代は，人間の脳の中枢神経系の研究が始まったばかりだった。ジェームズの論文から約40年後，生理学者のキャノン（Cannon, 1927）は，怒りを引き起こす刺激，恐怖を引き起こす刺激，あるいは寒冷刺激のいずれによっても血中にアドレナリンが分泌され，心臓の鼓動が速く，血圧が高くなり，主要な骨格筋に多くの血液が供給されるようになることを示し，特定の感情に対して自律神経系の特定の活動が対応しているわけではないと述べて，ジェームズの末梢起源説を批判した。キャノンによれば，視床の特定のニューロンの活動が，特定の感情反応と感情体験とを引き起こすのである。このため，キャ

ノンの理論は，「**中枢起源説**」と呼ばれることがある。

　また，ジェームズの理論が正しいとすれば，自律神経系の活動を人為的に変化させれば，それだけで特定の感情の体験が生じるだろう。シャクターとシンガー（Schachter & Singer, 1962）は，実験参加者に，ビタミン注射と偽ってアドレナリンを注射する実験を行った。これによって実験参加者の心臓の鼓動が速くなる。しかし参加者の半数には，注射の副作用のために心臓の鼓動が速くなると教示し，他の半数には注射に副作用はないと教示した。その後，実験参加者は，他の参加者がいる待合室に案内されるが，他の参加者というのはじつは実験の協力者で，わざと実験に対して怒っているふりをし，あるいは，実験に参加できたことを喜んでいるふりをする演技をした。実験参加者は全員がアドレナリン注射を受けており，全員の心臓がドキドキしたはずであるが，実験の結果，鼓動が速くなる副作用があると告げられた群では，特定の感情体験は生じなかった。この群の参加者は，鼓動の変化を注射のせいであると考え，自分が感情的になっているとは考えなかった。これに対して，副作用はないと告げられた群は，同室者が怒りを表出している場合には怒りに似た感情を，同室者が喜びを表出している場合には喜びに似た感情を体験したと報告した。

　この実験は，特定の身体的活動の知覚それ自体が，自動的に特定の感情体験を引き起こすわけではないことを示したものである。心臓がドキドキするのは同じでも，われわれは，周囲の状況から，注射のせいに違いない，自分は怒っているに違いない，喜んでいるに違いないというように，推論を行い，その結果として特定の感情体験をもつに至るというのである。この実験結果からシャクターらは，特定の感情体験が生じるためには，特定の身体的変化と，その変化を生じさせた原因の説明との両方が必要であると主張した。この立場は，「**二要因説**」と呼ばれる。

　キャノンの中枢起源説とシャクターらの二要因説とは，ジェームズの末梢起源説に欠点があることを示したが，特定の刺激によって特定の身体活動の変化が起こることは否定しなかった。これは，次に述べる認知的評価の理論によって批判されることになった。

3-2　感情の現代的理論

認知的評価理論

　感情は，まず身体活動の変化がなければ始まらないというのがジェームズの理論である。シャクターとシンガーの二要因説も，この点において違いはない。これに対して，身体活動の変化は特定の刺激によって自動的に生じるわけではなく，まず刺激に対する認知的評価が必要だという考え方がある。ラザルス（Lazarus, R. S.）はこの立場の代表的な研究者の一人である。彼の実験（Speisman, Lazarus, Mordkoff, & Davison, 1964）では，実験参加者は，少年が体の一部を傷つけられるという不快な映画を見せられるが，二つの説明のどちらかを受けた。一つは，少年がひどい目にあうという説明であり，もう一つは，これは部族の成人儀式であって少年は自らの意思で積極的に参加しているという説明であった。主観的な不快感は，前者の説明の場合に大きく，成人儀式であるという説明の場合にはわずかであった。この実験では自律神経系の活動の指標として**皮膚電気活動**が測定されていたが，前者の説明を受けた参加者の自律神経系の活動は大きく，後者の説明を受けた参加者においては小さかった。

　ジェームズの末梢起源説，シャクターとシンガーの二要因説のいずれも，実験参加者に同一の刺激を与えれば，同一の自律神経系の活動が生じると予想する。二要因説は，いったん生じた自律神経系の活動の解釈の仕方が認知的要因によって異なってくるというのであるが，ラザルスの実験は，同一の刺激（映画）に対する自律神経系の反応それ自体が，認知的要因によって異なりうることを示したのである。

分離情動理論

　ジェームズは，感情は，本能（instinct）に従った行動に付随する主観的体験であると考えていた。本能という言葉は，現代では学術用語としては使われないが，**生得的**など，常識的な意味で本能に相当する概念はある。ヒトを含め，動物には，一定の環境内で生きていくために必要な基本的な行動があらかじめ準備されているという立場をとれば，特定の状況が生じたとき，動物はその状況に応じて，生まれつき持っている特定の一連の行動をとると考えることには

合理性がある。たとえば餌を横取りされた動物は怒りに相当する行動をとり，肉食獣に襲われた小動物は恐怖に相当する行動をとるだろう。感情反応はそのような「特定の一連の行動」の一種であると考えることができる。同じ種に属する動物であれば，どの個体も同一刺激に対して同一の反応行動を示すであろう。感情反応をコミュニケーションの道具と考えたダーウィンの理論もこの立場の一つである。

　エクマンとフリーセン（Ekman & Friesen, 1975）やイザード（Izard, 1977）は，ダーウィンの考え方にもとづいて**分離情動理論**（discrete emotions theory）を主張している。エクマンは欧米文化との接触がほとんどない人々を対象に，「遠方から友だちが訪ねてきてくれたとき，あなたはどのような顔の表情をしますか？」，また様々な表情の顔を見せて，「これはどのような場合に生じる表情ですか？」といった質問をする調査を行った。その結果は，欧米の人々に対する実験結果とよく似ていた。分離情動理論においては，すべてのヒトに共通して，喜び，悲しみ，嫌悪，怒り，恐怖，驚きの六つ，あるいは恥や軽蔑を加えた八つ程度の，それぞれが独立した（discrete な）基本的な感情反応のプログラム（**基本感情**）があるとされる。これら六つないし八つの感情が重要視されるのは，それらの感情反応が，動物が一定の環境内で比較的頻繁に遭遇する事態に対処することができるように，進化のメカニズムを通して形成されてきた行動であると考えられるからである。

　この立場では感情の主観的体験そのものは生物学的に主要な問題ではなさそうに見えるが，心理学者としてイザードは主観的体験の重要性を指摘しているし，エクマンとフリーセンは，顔の表情筋の運動の知覚（筋肉からのフィードバック）が，感情の主観的体験をつくると考えている。

　これらの基本的な感情反応は生得的なものと考えられている。しかし特定の感情反応を出現させる刺激にかんしては，学習，あるいは認知的な評価がなされることもある。たとえば恐怖にかんして，人は，多くの「怖いもの」「怖くないもの」を経験によって学習していくからである。

感情の心理学的構造

認知的要因によって身体の活動が多様に変化するとすれば，結果的に感情は
いわば連続体のようなものとなり，「怒り」とか「悲しみ」は明確に独立した
別個の感情であるとは言えなくなるかもしれない。

様々な顔の**表情**を実験参加者に提示し，それがどのような感情の表出である
かを判断させる実験を行うと，喜びの顔の表情が怒りや恐怖の表情と判断され
ることはほとんどないのに，恐怖の表情が怒りの表情として，あるいは怒りの
表情が嫌悪の表情として「誤って」判断されることが少なくない。つまり感情
を表出している顔（表情）には，類似度の高いものと低いものがある。類似度
を元に数理的な処理を行うと，顔の表情写真は，活動性と評価性（快―不快）
の二つの次元による平面上に，円環状に並ぶ（図1-1）。つまり，感情を表出し
ている顔にかんしては，六つないし八つの独立した類型で判断されているので
はなく，二つの次元による連続的な知覚的判断が行われていることになる。ラ
ッセル（Russell, 1980）は，このような円環構造は，人が感情という現象に対
して持っている概念の構造を反映したものだと考えている[3]。

社会構成主義の立場

感情の生得性を主張する立場は，人の認識の仕方とは無関係に複数の感情反
応があると考える「実在論」の立場である。神経系が誰の体内にもあるように，
神経系の機能として，感情というものがあると考える。これに対して，研究対
象となる概念そのものが人間の社会的活動の結果としてでき上がったものであ
るとする**社会構成主義**（social constructivism：社会構築主義とも訳される）の立
場がある。たとえば，どのような身体の状態を病気とするかは，社会や時代に
よって異なる。同様に，感情という概念，あるいは怒りや悲しみといった個別
的な感情概念も，特定の社会の中で形成されてきた人為的な概念（カテゴリー）
であるとされる。「悲しみ」は，多くの場合，基本的な感情の一つであり，ネ

→**3**　感情の多様性を説明するために，色立体のモデルを利用した研究も行われた。人
が知覚する色は，明度，彩度，色相の三つの次元で説明できる。同様に感情もまた，
三つの次元で説明することができるという（Plutchik, 1962）。

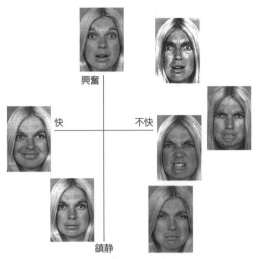

興奮

快　　　　　不快

鎮静

図1-1　エクマンとフリーセン（Ekman & Friesen, 1975）の表情写真を用いて筆者が行った実験結果にもとづく，表情写真の円環構造
（出所）Ekman & Friesen（1975 工藤訳編 1987）の写真を用いて作成

ガティブな感情であると考えられているが，文化人類学的調査によれば，太平洋のイファルク島やタヒチの人々は「悲しみ」に対応する言葉を持たないし，イギリスや北アメリカにおいても「悲しみ」は必ずしもネガティブに評価されない時代があった（Barr-Zisowitz, 2000）。これは「悲しみ」の感情が生物学的な意味で実在するのではなく，それぞれの社会がその実態にあわせて「感情という認識の枠組み」を作り上げているという社会構成主義の主張に沿うものである。たとえば，人は悲しいときにすすり泣くこともあれば，号泣することも，あるいは涙を流さないこともある。これは，特定の社会が定める基準（**社会的規範**）に沿うように，様々な行動を使って悲しみというドラマを演じるようなものであり，「大切なものを失った」場合に特定の生理的・行動的な反応が生じるようにあらかじめ準備されているわけではないということである（Averill, 1980）。

　社会集団によって感情の表出のしかたに違いがあるのは，事実である。ただ

し，そのことは必ずしも感情の生得性を否定することを意味しない。分離情動理論の立場に立つエクマンは，それぞれの社会には感情の表出にかんする規則（**表示規則**：display rules）があり，あらかじめ準備されている特定の反応に対して抑制・強調・隠蔽などが生じると説明している（Ekman & Friesen, 1975）。たとえこのように，社会構成主義の説明が多くの感情について成り立つとしても，感情のすべてが社会的に構築されたものとは言えないだろう。少なくとも恐怖反応については，単純な生物からヒトに至るまで，共通して脳の扁桃体（あるいはそれに相当する部分）の自動的な処理がかかわっているという神経生理学の知見もある（LeDoux, 1996）。社会構成主義の立場であっても，恐怖を含むいくつかの「衝動的（impulsive）」感情については，直接的ではないにせよ，生物学的な過程との結びつきがあることを認めている（Averill, 1980）。

4　念頭におくべき二つのこと

「動物には比較的少数の特定の身体的感情反応がそなわっている」という生物学的な考え方によれば，ヒトにおいても，遺伝的に決まった特定の刺激が原因で身体の特定の感情反応が生じ，そこから特定の感情体験が生じることになる。しかし二要因説や認知的評価理論，さらに社会構成主義は，感情体験や感情反応が人類に普遍的であるという考えに疑いを投げかけた。つまり，「特定の状況に置かれれば誰にでも特定の感情反応が共通して生じる」というわけではないということである。

ここで述べたそれぞれの立場にはそれぞれ根拠がある一方で反論もあり，単純にどれが正しい理論であるとは決められない。しかし，心に留めておかねばならないことが二つある。一つ目は，感情には主観的な感情体験と身体反応の双方がかかわっていることである。二つ目は，多くの人に共通して見られる典型的な感情の体験と反応がある一方，個人ごとに異なる体験と反応があることである。これは生理的な個人差だけではなく，個人ごとに社会文化的な経験が異なることにも起因している。

❖考えてみよう
・もしもわれわれに「感情の表出」がなかったとしたら，どのような不都合が生じるだろうか。本章で書かれた感情の機序や機能をもとに，考えてみよう。
・「身内が亡くなる」という事態が生じたとき，私たちはどのような感情をどのように体験するだろうか。感情の「分離情動理論」の側面と，文化や時代や状況を考慮した「社会構成主義」的側面の両面から考えてみよう。

もっと深く，広く学びたい人への文献紹介
最新の著作ではないが，定評ある日本語の本として，以下の2点を挙げる。
Cornelius, R. R. (1996). *The science of emotion: Research and tradition in the psychology of emotion.* Upper Saddle River, N. J.: Prentice-Hall.
　（コーネリアス，R. R.　齊藤　勇（監訳）(1999). 感情の科学――心理学は感情をどこまで理解できたか――　誠信書房）
　☞学部3，4年生から修士課程の学生向け。ダーウィンから20世紀末に至る心理学における感情研究の流れについて偏りなく，丁寧に記述している。
LeDoux, J. (1996). *The emotional brain: The mysterious underpinnings of emotional life.* New York: Simon and Shuster.
　（ルドゥー，J.　松本　元・川村　光毅他（訳）(2003). エモーショナル・ブレイン――情動の脳科学――　東京大学出版会）
　☞中心は扁桃体の恐怖条件づけの問題であるが，感情にかかわる脳神経系の活動について，研究史も含めてわかりやすく解説されている。上掲のコーネリアスの著書は中枢神経系の活動についてはほとんど記述がないので，併読をおすすめする。学習理論，神経生理学について多少の予備知識が必要である。

引用文献

Averill, J. (1980). A constructivist view of emotion. In R. Plutchik & H. Kellerman (Eds.), *Emotion: Theory, research and experience.* vol. 1. (pp. 305-339). New York: Academic Press.
Barr-Zisowitz, C. (2000). "Sadness"― Is there such a thing? In M. Lewis & J. M. Haviland-Jones (Eds.), *Handbook of emotions* (2nd ed., pp. 607-622). New York: The Guilford Press.
Cannon, W. B. (1927). The James-Lange theory of emotions: A critical examination and an alternative theory. *American Journal of Psychology, 39,* 106-124.
Darwin, C. (1872). *The expression of the emotions in man and animals.* London:

John Murray.

（ダーウィン，C. 浜中 浜太郎（訳）（1931/2007）．人および動物の表情について（1889年第2版に基づく）岩波書店）

Ekman, P., & Friesen, W. V. (1975). *Unmasking the face*. Englewood Cliffs, NJ: Prentice Hall.

（エクマン，P.・フリーセン，W. V. 工藤 力（訳編）（1987）．表情分析入門 誠信書房）

Izard, C. E. (1977). *Human emotions*. New York: Plenum Press.

Izard, C. E. (2010). The many meanings/aspects of emotion: Definitions, functions, activation, and regulation. *Emotion Review, 2*, 363-370.

James, W. (1884). What is an emotion? *Mind, 9*, 188-205.

LeDoux, J. (1996). *The emotional brain: The mysterious underpinnings of emotional life*. New York: Simon and Shuster.

（ルドゥー，J. 松本 元・川村 光毅他（訳）（2003）．エモーショナル・ブレイン——情動の脳科学—— 東京大学出版会）

Plutchik, R. (1962). *The emotions: Facts, theories, and a new model*. New York: Random House.

Russell, J. A. (1980). A circumplex model of affect. *Journal of Personality and Social Psychology, 39*, 1161-1178.

Schachter, S., & Singer, J. (1962). Cognitive, social, and physiological determinants of emotional state. *Psychological Review, 69*, 379-399.

Speisman, J. C., Lazarus, R. S., Mordkoff, A., & Davison, L. (1964). Experimental reduction of stress based on ego-defense theory. *Journal of Abnormal and Social Psychology, 68*, 367-380.

Spielberger, C. D. (1999). *Manual for the State-Trait Anger Expression Inventory-2*. Odessa, FL: Psychological Assessment Resources.

第2章 感情の生起
——感情の多様なメカニズム

伊 藤 美 加

> この章では，感情の働きや脳のどの部位がその機能を担っているのかを学ぶ。そして，感情が認知に及ぼす影響について学ぶ。
>
> 感情は私たちが生きていくために特定の役割をもつからこそ，進化の過程で身につけた機能と考えられる。では，どのような役割があるのか。こうした感情のメカニズムを知ることで，感情は理解や思考や判断を妨害するのではなく，補完したり促進したりする重要な役割を担っていることを理解していきたい。そうした理解は，心理的支援を要する者の状態を観察し，その結果を分析することが求められる心理職として必要な知識と考えられよう。

1 感情の脳内メカニズム

1-1 感情の神経ネットワークモデル

　特定の脳部位が感情の中枢として存在するのではなく，感情に関連する脳部位は様々な領域に及んでいる。そして，複数の脳領域を含む一連の神経ネットワークの活動を通して，感情の処理（情動体験や情動反応）が行われている。

パペツ回路説

　パペツ（Papez, J.）は，情動が脳の内側面（大脳辺縁系）で生じるとし，図2-1のような循環的なネットワークを提唱した（LeDoux, 1996）。視床へ到着した感覚メッセージ（情動刺激）が大脳皮質（感覚性皮質）と視床下部の両方へ向かう。視床下部の身体への出力が情動反応を引き起こす。帯状回が感覚性皮質

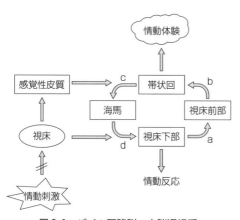

図2-1　パペツ回路説：大脳辺縁系
（出所）LeDoux（1996 松本・川村他訳 2003）p. 111.

と視床下部からのシグナルを結合したとき，情動体験が生じる（a→b）。帯状回から海馬，そして視床下部への出力は大脳皮質に思考を起こさせ（b→c→d），情動反応を制御する。ただし現在では，このネットワークは情動よりも記憶との関連がより大きいとされる。

ルドゥの二経路説

ルドゥ（LeDoux, 1996）は，パペツ回路の視床下部の働きを扁桃体に置き換え，図2-2に示す通り，情動が脳内の独立した二通りの経路によって制御されるとした。第一の経路は，視床から直接扁桃体へと入る（**低次経路**）。この経路は皮質を介さないため，処理は速いが，情動刺激のおおまかな表現しか扁桃体へ伝えず，しばしば誤りを犯す。しかし，その刺激が何であるかを十分に知る前に，潜在的な危険の兆候に対して反応することができるという点で大変有用である。それに対して，第二の経路は，視床から大脳皮質を経由して扁桃体へ入る（**高次経路**）。この経路は処理は遅いが，より詳細でより正確である。状況をより注意深く分析し，危険ではないとわかれば，低次経路によって賦活された情動反応を制御する。

　これらの説は，情動体験と情動反応とが密接に関連する脳内ネットワークを想定しつつ，両者の双方向の連絡を示しているという点で，ジェームズの末梢起源説とキャノンの中枢起源説（第1章参照）のどちらにも合致しているとみなせよう。

ダマシオのソマティック・マーカー仮説

　ダマシオ（Damasio, 1994）は，情動を2種類に区別した。一次の情動は，生得的に備わった前もって構造化されたもので，扁桃体と前帯状回が中心的役割を演じる辺縁系に依存する。それに対して，二次の情動は学習や経験によって

獲得され，前頭前野および体性感
覚皮質の働きが必要とされる。

　さらに彼は，感情にかかわる脳
領域を損傷した患者の判断力の欠
如や社会性の喪失について研究し，
身体的な感覚（例：どきどきする，
口が乾く）が人が選択を行うため
の手掛かり（**ソマティック・マー
カー**）になるとし，情動が推論や
意思決定を支えるという仮説を提
唱した。

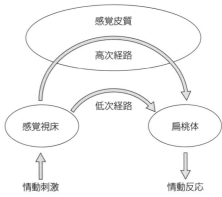

図 2-2　ルドゥの二経路説：低次・高次経路
（出所）LeDoux（1996 松本・川村他訳 2003）p. 195.

　ダマシオの仮説によると，ソマティック・マーカーが不安等の二次の情動か
ら生み出される情動体験をつくりだすとともに，自動化された危険信号として
機能し，われわれが良いか悪いか迅速に選択するのを助けることによって，意
思決定を支えている。たとえば，なんとなく不安を感じて胸がザワザワするよ
うなときに，この電車に乗るのをやめよう，と判断して，その結果，事故から
逃れるといった場合が思い浮かぶ。いわば脳と身体の相互作用を示すことによ
って，神経ネットワークにおける情動体験や情動反応にかかわる身体の重要性
を提示したと言えよう。

1-2　感情にかかわる脳部位

　感情の様々な機能には，図 2-3 に示すような，脳の様々な部位が深くかかわ
っている。そして，各部位は全体で構成されるネットワークの中の一部として
働いている。

扁桃体

　扁桃体（amygdala）は，大脳皮質の内側にある辺縁系の一部で，左右に一対，
1.5 cm ほどの大きさで，アーモンド（和名は扁桃）に形が似ていることからそ
のように命名された。

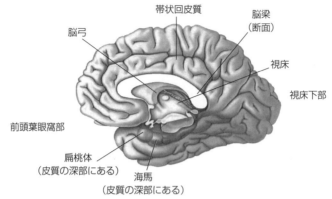

図2-3　感情にかかわる脳部位
（注）脳幹と小脳を取り除いて，脳を少し傾けてある。
（出所）Bear, Connors, & Paradiso（2006 加藤他監訳 2007）p. 166.

　扁桃体を含む側頭葉の除去手術や扁桃体の損傷によって，恐怖の喪失や攻撃性の低下を顕著に示すクリューバー・ビュシー症候群を発症することがある。したがって，扁桃体は恐怖や攻撃性といった感情反応において重要な部位と考えられている。

　また扁桃体が感情的な刺激の検出や評価にもかかわることは，扁桃体損傷患者が怒りや恐怖のような否定的な感情を示す表情を認識できないとの報告（Adolphs, Tranel, & Damasio, 1998）や，恐怖表情をうかべるときに人は無表情のときに比べ高い扁桃体の神経活動を示すという脳機能画像研究（Breiter et al., 1996）から示唆される。

前頭前野（前頭葉眼窩部）

　前頭葉眼窩部（orbitofrontal cortex）は，論理的思考を司る**前頭前野**（prefrontal cortex）の下部に位置する。この眼窩部が高次の感情の認識にかかわることを示す症例として，**フィニアス・ゲージ**（**Phineas Gage**）**の事例**がある。彼は不運にも事故で前頭葉眼窩部に損傷を負った。事故の前後で，認知機能に異常は認められず，唯一変化したのが彼の人格であった。事故後の彼は，周囲の人が「もはや彼ではない」と断言するほど，事故前の彼とは違う，きまぐれで，非礼で，下品な言葉を発する社会的行動異常を示す人物になってしまった

という（Damasio, 1994）。

　さらに前頭前野は，扁桃体の興奮を抑える等，感情のコントロールにおいて重要な部位と考えられている。たとえば動物園でヘビを見てもそれほど恐怖を感じない。これは前頭前野が「動物園だから安全」と状況判断して，自動的に扁桃体を抑えているためである。その他，協力等適切な社会的関係性の維持にもかかわる部位であることが示されている。

海馬

　海馬（hippocampus）は扁桃体と同じく大脳皮質の内側にある辺縁系の一部であり，小指程の大きさ，タツノオトシゴのような形をしている。てんかんの治療で海馬を含む領域を除去した患者 H. M. の症例研究により，この部位は短期記憶の一時保存や短期記憶から長期記憶への転送に重要な働きをすることが示された。海馬はとくに感情的な記憶の促進にかかわる。感情的な出来事に接して扁桃体が強く活動すると，その隣に位置する海馬にその情報が伝えられ，結果として，その情報がよりよく記憶される（McGaugh, 2003）。情動と記憶はきわめて密接にかかわっている。

2　感情の認知メカニズム

　1節では，情動体験や情動反応がどのように生じるか，その生起のしくみをみてきた。次に感情を喚起する刺激に対する注意や記憶，社会的認知の働きとして，感情が及ぼす影響過程についてみてみよう。

2-1　感情と注意

　たとえばネガティブな刺激は，意図的に注意を向ける前でも視覚探索の際に短い検出時間で素早く見つけ出せることから，自動的注意が引き起こされる（Hansen & Hansen, 1988）。あるいは，抑うつ傾向の高い人は，抑うつに関連した刺激に反応するのにかかる時間が短いことから，自動的注意による意味処理の意識的抑制が難しい（Gotlib & McCann, 1984）。このように，注意における

感情的刺激材料の優位性が示されている。

　また，意図的に注意を向けていなくても，感情的な刺激が後続の刺激に対する評価に影響を及ぼす**感情プライミング**（affective priming）効果が知られている。たとえば，喜び顔をそれが知覚されない状態で提示すると，その後に示された無意味図形に対する好意度評価が高くなるというように，意識されず注意を向けられない刺激の感情価が意識的な処理に影響を及ぼす（Murphy & Zajonc, 1993）。

2-2　感情と記憶

　感情的な出来事の記憶はそうでない記憶に比べて鮮明であったり，より詳細あるいは正確であったり，頻繁に想起されたりする。このように，感情的な刺激材料がよりよく記憶されることは，日常的な経験だけでなく様々な刺激を用いた実験室実験により報告されている（Hamann, 2001；Kensinger & Corkin, 2003）。そのメカニズムを解明しようとする研究では，記憶成績のよさは**覚醒度**（arousal）と**感情価**（valence）のどちらに起因するのか，あるいは，感情語の種類を分けた上でポジティブ語とネガティブ語とではどちらがより記憶成績がよいのか，といった問題に焦点が当てられてきた。だが，刺激のどのような要素が記憶に促進的に働くのかを検討するには，記憶成績全体における刺激の量的な差異のみではなく，記憶過程における質的な差異（例：想起する順番や想起された複数の刺激の間に何か関連性があるか）を分析する必要がある。

　一方，日常生活の中で実際に起きた出来事によって喚起される一時的な感情を伴う記憶に関する研究では，長期にわたって保持されるだけではなく，その出来事を見聞きしたときの詳細な状況の記憶がよいことが知られており，**フラッシュバルブ記憶**（flashbulb memory；Brown & Kulik, 1977）と呼ばれる。実際に体験していなくても，2011年3月11日に東日本大震災の衝撃的な映像を見たときに誰と何をしていたかを憶えている人は多いだろう。また，ピストル等の凶器の提示により凶器以外の記憶が阻害される**凶器注目**（weapon focus）効果に例示されるように，一時的な感情を強く喚起する出来事の中心的な特徴が記

憶される一方，その周辺的な特徴の記憶は低下することが報告されている（Reisberg & Heuer, 2004；Kensinger, 2009）。そのため，記憶の中心的な特徴とは何か，どのような要素が記憶を促進するのか，について議論されている。

　特定の感情状態すなわち気分を実験的に喚起させる手続きを用いた研究では，楽しい気分のときに経験した出来事は楽しい気分のときに思い出しやすいという**気分依存効果**（mood-dependency effect）と，楽しい気分のときにその気分と一致するポジティブな情報の記憶成績がよいという**気分一致効果**（mood-congruency effect）とが示されている（Blaney, 1986）。

2-3　感情と社会的認知

　これらの気分の効果は，情報の記憶だけでなく推論や思考，判断・評価，あるいは社会的行動といった，より高次の情報処理においても働く。たとえば，気分がよいときは気分が悪いときよりも曖昧な情報を好ましいと解釈したり，特定の人物に対して社会的に望ましい印象をもったり，判断や評価が肯定的な方向へ偏ることや，他者に対して礼儀正しい・楽観的・協力的な行動を取ることが観察されている（Forgas, 2017）。これは気分に一致する方向に社会的認知が影響されやすいこと（気分一致効果）を示している。

　さらに感情は，どのような情報を処理するのかという認知内容に加え，どのように情報を処理するのかという認知の仕方にも影響を及ぼす。たとえばネガティブな気分では，ステレオタイプに依存しない判断をしたり，精緻で正確な認知が優勢になったりする等，社会的認知における感情の多面的な役割が議論されている（Forgas, 2017）。

3　感情と認知に関する包括的理論

3-1　感情ネットワークモデル

　バウアー（Bower, 1981, 1991）は，記憶や社会的な判断に及ぼす感情の影響を説明するために，意味ネットワーク活性化拡散モデルを適用し，悲しみや喜

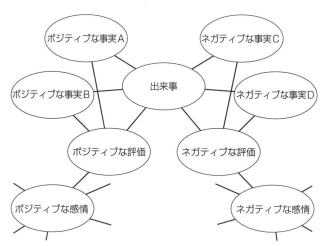

図 2-4　感情ネットワークモデル

（引用者注）ある人が持つ，特定の出来事についての事実や評価を表す。
　　　　　"ポジティブな評価"ノードと"ネガティブな評価"ノードとは，
　　　　　各ノードを統括する上位のノードとして表される。たとえば，特
　　　　　定の出来事に対する印象を聞かれると，ネットワーク内の"出来
　　　　　事"ノードが活性化する。このとき"ポジティブな感情"の生起
　　　　　によって"ポジティブな評価"ノードへ活性化が拡散されると，
　　　　　これらのノードと結合している"ポジティブな事実"ノードに活
　　　　　性化が拡散するため，ポジティブな記憶が想起されやすくなる。
　　　　　同時に"ポジティブな評価"ノードと結合する他の関連するノー
　　　　　ドも全体的に活性化するため，特定の出来事に対する印象はポジ
　　　　　ティブになる。

（出所）Bower（1991）p. 47.

びといった感情を表すノード（概念）を新たに仮定した（**感情ネットワークモデ
ル**）。図 2-4 に示すように，ある特定の感情が喚起されると，それに対応する
ノードへ活性化が拡散すると同時に，各ノードを統括する上位の評価ノードと
結合する他の関連するノードも全体的に活性化するため，判断や評価が特定の
感情の影響を受ける。

　このモデルは，感情と他の一般的概念とを一元的にとらえることによって感
情と認知の相互作用を一般化したが，うまく説明できない現象が報告されるに
伴い（Blaney, 1986；詳しくは，伊藤，2005），より自発的・統制的な認知の働き
を強調するような以下の説が考案された。

感情情報機能（affect-as-information）説では，感情の影響は感情ネットワークモデルが仮定する概念の活性化に媒介されて間接的に起こるのではなく，認知者がそのときの感情状態の原因を誤って判断対象に帰属させるために起こるとし，感情の情報的価値を強調する（Schwarz & Clore, 1983）。一般に，人は利用可能なすべての情報にもとづいて判断を行うよりも，使用する認知容量を節約するために，自分の感情状態を判断の情報源の一つとして注目し直観的な判断をする。たとえば晴れの日に電話調査で生活満足度を聞かれた人は，天気がよいためポジティブな気分になり，それは生活に満足しているせいだからと判断して，よりポジティブな評価をしてしまう（Schwarz & Clore, 1983）。

また**気分制御**（mood-regulation）説では，感情の影響は感情ネットワークモデルが仮定する自動的な活性化拡散のみに依存して起こるのではなく，それを意識的に制御する過程を想定する（Isen, 1984）。一般に，人は快適な状態を好み維持しようと動機づけられるのに対して，不快な状態を回避しようと動機づけられるため，ネガティブな気分になると自動的にネガティブな思考が促されるが，意識的にポジティブな判断をしようとする（Erber & Erber, 2001）。

3-2　感情混入モデル

　フォーガス（Forgas, 1995, 2001）は，これらの説を統合するために多重過程を想定した**感情混入モデル**（affect infusion model：AIM）を提示した（図2-5）。このモデルでは，社会的判断には4種類の情報処理方略があり，特定の感情の影響（感情混入）は，そのうちどの処理方略が採用されるかによって異なる。直接アクセス型と動機充足型は感情の影響をあまり受けないのに対して，ヒューリスティック型と実質型は判断過程に感情が混入しうる。ただしそのメカニズムは双方で異なり，ヒューリスティック型では感情情報機能説に従って，実質型では感情ネットワークモデルに従って，感情の影響が現れる。

　さらに特定の感情は4種類のうちどの処理方略が採用されるかに際して影響を及ぼす。ポジティブな感情ではヒューリスティック型が，ネガティブな感情では実質型がそれぞれ選択される。すなわち，感情は気分一致効果のように処

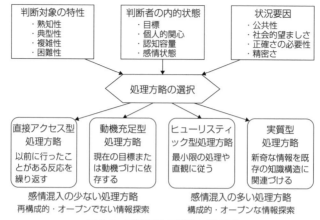

図 2-5　感情混入モデルの概念図

（引用者注）処理方略の選択は，判断対象の特性，判断者の内的状態，
状況要因の組み合わせによって決定される。ヒューリスティック
型処理方略や実質型処理方略において，感情の影響が大きいと考
えられる。

（出所）Forgas（2001）

理する情報の内容を規定するだけでなく，情報の処理方略そのものを変えるこ
とで影響を及ぼします。このモデルは，感情の認知メカニズムを処理方略と結びつ
けることによって包括的に説明できるという利点がある。

❖考えてみよう
・最近あった感情体験を思い出してみよう。そして，その感情（体験）をルドゥ
　の二経路説とダマシオのソマティック・マーカー仮説で説明してみよう。
・感情はわれわれの認知にどのような影響を及ぼすだろうか。

☕コラム　エモーショナル・デザイン🎄-🎄-🎄-🎄-🎄-🎄-🎄-🎄-🎄-🎄-🎄-🎄-🎄-🎄-

　理性的判断に感情的要素はむしろ効率的に働くこともありうる。感情が認知を補う具体的・日常的な例を示そう。

　われわれの身の回りにある道具や製品が，私たちの生活をより便利により快適にしてくれる。そしてそのためには，使いやすさが大切である。その道具や製品は，それをどのように使ったらよいかを自然に解釈できるようにデザインされていなければならない（Norman, 1988）。たとえば押して開くドアであれば，押したくなる取っ手が見えていなくてはならない（図2-6）。

　とはいえ，使いにくいデザインであるにもかかわらず，好きでたまらないものはないだろうか。あるいは，デザインが魅力的だと使いやすく感じてしまうことはないだろうか。たしかにデザインは使いやすいことが第一だが，身近な道具や製品が，見るたび使うたびに笑わせてくれたら，生活は楽しく豊かになる（図2-7）。面白さと喜びのためのデザイン（エモーショナル・デザイン；Norman, 2004）の重要性を示すこの例は，これまで感情の重要な役割に配慮してこなかったことに対する反省と，デザインにおける，使いやすさ（認知）と面白さ（感情）との関係について再考させられる。

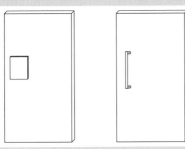

図2-6　押して開けたくなる取っ手のド
　　　　ア（左）と引いて開けたくなる
　　　　取っ手のドア（右）のデザイン

図2-7　思わず握手してしまう楽
　　　　しくなるドアノブのデザ
　　　　イン。しかし握るだけで
　　　　はドアは開かない。
（出所）https: //matome. naver. jp/
　　　　odai/2144376123875264201/
　　　　2144378093722167703（2020
　　　　年1月8日閲覧）

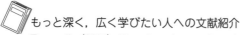もっと深く，広く学びたい人への文献紹介

Evans, D. (2001). *Emotion: A very short introduction*. Oxford: Oxford University Press.

（エヴァンズ，D.　遠藤 利彦（訳）（2005）．感情　岩波書店）

　☞感情に関する研究について，広く学ぼうとする読者向け。この本を読むと感情が多くの学問分野と関連すること，感情がもつ多様な機能にあらためて気づかされる。訳者による解説や読書案内も興味深い。

大平 英樹（2010）．感情心理学・入門　有斐閣

　☞より深く学ぼうとする読者向け。この本は感情に関する研究知見（感情と生物学的基盤，機能，進化，認知，発達，言語，病理，健康）を体系的に整理し直した上で感情研究の課題と展望を述べている。

北村 英哉・木村 晴（編著）（2006）．感情研究の新展開　ナカニシヤ出版

　☞さらに，感情研究がどのような方向に向かって展開しつつあるか知りたい人にはこの本をすすめる。

引用文献

Adolphs, R., Tranel, D., & Damasio, A. R. (1998). The human amygdala in social judgment. *Nature, 393,* 470-474.

Bear, M. F., Connors, B. W., & Paradiso, M. A. (2006). *Neuroscience: Exploring the brain* (3rd ed.). Philadelphia: Lippincott Williams & Wilkins.
（ベアー，M. F.・コナーズ，B. W.・パラディソ，M. A.　加藤 宏司・後藤 薫・藤井 聡・山崎 良彦（監訳）（2007）．神経科学――脳の探求――　西村書店）

Blaney, P. H. (1986). Affect and memory. *Psychological Bulletin, 99,* 229-246.

Bower, G. H. (1981). Mood and memory. *American Psychologist, 36,* 129-148.

Bower, G. H. (1991). Mood congruity of social judgments. In J. P. Forgas (Ed.), *Emotion and social judgments* (pp. 31-54). Oxford: Pergamon Press.

Breiter, H., Etcoff, N. L., Whalen, P. J., Kennedy, W. A., Rauch, S. L., Buckner, R. L., Strauss, M. M., Hyman, S. E., & Rosen, B. R. (1996). Response and habituation of the human amygdala during visual processing of facial expression, *Neuron, 17,* 875-887.

Brown, R., & Kulik, J. (1977). Flashbulb memories. *Cognition, 5,* 73-79.

Damasio, A. R. (1994). *Descartes' error: Emotion, reason, and the human brain.* New York: G. P. Putnam.
（ダマシオ，A. R.　田中 光彦（訳）（2000）．生存する脳――心と脳と身体の神秘――　講談社）

Erber, R., & Erber, M. W. (2001). Mood and processing: A review from a self-regulation perspective. In L. L. Martin & G. L. Clore (Eds.), *Theories of mood and cognition: A user's handbook* (pp. 63-84). Mahwah, NJ: Lawrence Erlbaum.

Forgas, J. P. (1995). Mood and judgment: The affect infusion model (AIM). *Psychological Bulletin, 117,* 39-66.

Forgas, J. P. (2001). The affect infusion model (AIM): An integrative theory of mood effects on cognition and judgments. In L. L. Martin & G. L. Clore (Eds.), *Theories of mood and cognition: A user's handbook* (pp. 99-134). Mahwah, NJ: Lawrence Erlbaum Associates.

Forgas, J. P. (2017). Mood effects on cognition: Affective influences on the content and process of information processing and behavior. In M. Jeon (Ed.), *Emotions and affect in human factors and human-computer interaction* (pp. 89-122). New York: Elsevier.

Gotlib, I. H., & McCann, C. D. (1984). Construct accessibility and depression: An examination of cognitive and affective factors. *Journal of Personality and Social Psychology, 47,* 427-439.

Hamann, S. (2001). Cognitive and neural mechanisms of emotional memory. *Trends in Cognitive Sciences, 5,* 394-400.

Hansen, C. H., & Hansen, R. D. (1988). Finding the face in the crowd: An anger superiority effect. *Journal of Personality and Social Psychology, 54,* 917-924.

Isen, A. M. (1984). Toward understanding the role of affect in cognition. In R. S. Wyer, Jr. & T. K. Srull (Eds.), *Handbook of social cognition.* Vol. 3. (2nd ed., pp. 179-236). Hillsdale, NJ: Lawrence Erlbaum.

伊藤 美加 (2005). 感情状態が認知過程に及ぼす影響　風間書房

Kensiger, E. A. (2009). *Emotional memory across the adult lifespan.* New York: Psychology Press.

Kensinger, E. A., & Corkin, S. (2003). Memory enhancement for emotional words: Are emotional words more vividly remembered than neutral words? *Memory & Cognition, 31,* 1169-1180.

LeDoux, J. (1996). *The emotional brain: The mysterious underpinnings of emotional life.* New York: Brockman.
　　(ルドゥ, J. 松本 元・川村 光毅他 (訳) (2003). エモーショナル・ブレイン——情動の脳科学——　東京大学出版会)

McGaugh, J. L. (2003). *Memory and emotion: The making of lasting memories.* New York: Columbia University Press.
　　(マッガウ, J. L. 大石 高生・久保田 競 (監訳) (2006). 記憶と情動の脳

科学——「忘れにくい記憶」の作られ方—— 講談社)

Murphy, S. T., & Zajonc, R. B. (1993). Affect, cognition, and awareness: Affective priming with optimal and suboptimal stimulus exposures. *Journal of Personality and Social Psychology, 64,* 723-739.

Norman, D. A. (1988). *The psychology of everyday things.* New York: Basic Books. (ノーマン, D. A. 野島 久雄 (訳) (1990). 誰のためのデザイン？——認知科学者のデザイン原論—— 新曜社)

Norman, D. A. (2004). *Emotional design: Why we love (or hate) everyday things.* New York: Basic Books.
(ノーマン, D. A. 岡本 明・安村 通晃・伊賀 聡一郎・上野 晶子 (訳) (2004). エモーショナル・デザイン——微笑を誘うモノたちのために—— 新曜社)

Reisberg, D., & Heuer, F. (2004). Memory for emotional events. In D. Reisberg & P. Hertel (Eds.), *Memory and emotion* (pp. 3-41). New York: Oxford University Press.

Schwarz, N., & Clore, G. L. (1983). Mood, misattribution, and judgments of well-being: Informative and directive functions of affective states. *Journal of Personality and Social Psychology, 45,* 513-523.

第3章　感情と行動
──感情の働きと合理性

木 村 健 太

　私たちには，なぜ感情があるのだろうか。日常生活では，嬉しくて幸せなときもあれば，不安や悲しみに振り回されて「感情なんてなければいいのに！」と思うこともある。感情には，私たちが生存するための適応的な意義があると考えられている。本章では，私たちになぜ感情が備わっているのか，感情がどのように認知機能，意思決定，社会的行動を変容するのかを説明する。感情の適応的な意義や行動へ及ぼす影響についての実証的な研究知見を学ぶことで，非合理にも映る人の感情的な行動がなぜ生じるのか，うつ病や不安障害といった感情障害がなぜ行動を変容するのかを理解しよう。

1　感情の適応的意義

1-1　感情の進化

　私たちになぜ感情という心の働きが備わっているかを考えるとき，**進化**という視点から人間の心の成立を考えるとわかりやすい。進化というと，日常では，ある個人がよりよく成長，発達するという意味合いで使用されることが多いが，明確な定義としては「集団中の遺伝子頻度が時間とともに変化する」ことを指す（長谷川・長谷川，2000）。進化の基本的な仕組みは，ダーウィンの進化論として広く知られている（Darwin, 1859）。その仕組みの中心は，**選択**（selection）である。単純な例として，野生環境で暮らすシカの集団を考えてみよう。集団の中に走るのが速いシカと遅いシカがいて，その個体差の少なくとも一部が遺

伝子の違いにより生じているとしよう。このシカの集団がオオカミに襲われた
とき，走るのが速いシカの方が遅いシカよりも素早く逃げることができるため，
生存確率は高いと考えられる。生存確率が高いということは，その後に繁殖し
て子どもを多く残す確率が高い。これにより，シカの集団の中で足の速い遺伝
子をもつ個体の頻度が高くなる。このような過程が長期間繰り返されることで，
繁殖できる確率が高い足の速い遺伝子は集団内に広がり，繁殖できない足の遅
い遺伝子の頻度は低下する。結果として，集団の大多数が足の速い遺伝子をも
つシカになる。このように，選択を通して，生物の特徴が特定の環境に適した
形態や行動傾向に少しずつ変化していくことを**適応**と呼ぶ。

　進化と適応の考え方を感情に当てはめてみよう。たとえば，恐怖感情をもつ
人ともたない人がヘビやクマといった脅威に遭遇したとき，生存する確率はど
ちらが高いだろうか。考えるまでもなく，恐怖感情をもつ人の方が脅威から素
早く逃走することができて生存確率が高い。その結果，恐怖感情をもつ人の遺
伝子は次世代に広まりやすく，多くの人が恐怖という感情をもつようになる。
一般に，人間の心理システムの大部分は，狩猟採集生活をしていたころの野生
環境に適応するように進化してきたと考えられている。野生環境では，生存を
脅かす個体との遭遇，他者からの攻撃に対する防衛，子どもの養育，配偶者と
の関係性の確立といった，生存や繁殖にかかわる問題が生じる。コスミデスと
トゥービー（Cosmides & Tooby, 2000）によると，感情は，これらの問題を解決
するために迅速に作動する心の働きだと言える。同じ観点から，戸田（1992）
は，感情が野生環境に適した行動の選択を促す**野生合理性**を中心とした心理シ
ステムであると考えた。

1-2　感情の合理性と非合理性

　感情が生存を助けるための心の働きだというのは，私たちが感情という言葉
に抱くイメージからかけ離れているかもしれない。感情について，自分を振り
回す厄介な邪魔者というイメージをもっている人も多いだろう。たしかに，イ
ライラして他人にあたってしまったり，対人関係に不安を感じすぎてしまった

り，感情は私たちに悪影響を及ぼすことがある。役に立つために進化したはずの感情が，なぜ日常生活において非合理にも映る行動を引き起こしてしまうのだろう。

　その原因の一つは，感情が進化してきた野生環境と現代の文明環境の乖離である。感情が野生環境への適応に特化した野生合理性をもつことは述べたが，狩猟採集の生活様式をとっていた時代と現代では，生活する環境が様々な点で異なる。戸田（1992）は，野生環境と文明環境の大きな違いとして，感情を喚起する事象の時間的，空間的な広がりを指摘している。たとえば，野生環境でクマに襲われたとしても，全力で逃走して十分遠くに離れられれば脅威は去る。一方，文明環境では，感情を喚起する事象への対処が一過性に終わらないことが多い。たとえば，上司に厳しく叱責されたとき，怖い，逃げ出したいという気持ちにまかせて走って逃げたとしても問題の解決にはつながらない。このような状況に対処するためには，繰り返し叱責されることを避けるため，自らの行動を制御しながら非常に広い範囲の事柄に長い時間気を配る必要がある。一般に，このような状況は非常にストレスフルであり，精神的な健康を損なうことにつながる。つまり，感情という心理システムは，野生環境で想定するような一過性に生じる問題への対処は想定しているが，長期間持続する問題への対処を想定していないのである。このため，不安や怖れといったネガティブな感情状態の長期化は，感情障害や慢性ストレス障害といった問題を生じてしまう。

　また，感情は，一過性の問題への対処に優れていることが原因で非合理な行動を生じることがある。たとえば，怒りは自身の所有物や権利が侵害されたときに生じる感情であり，他個体への攻撃を動機づけて自己の資源を守ることに役立つと考えられている（戸田，1992）。しかし，現代のような文明環境においては，他者に所有物や権利の侵害を受けたとしても直接的に報復することは推奨されず，弁護士や警察といった第三者，そして法律といった規則を介して間接的に報復しなければいけない。それにもかかわらず，一度怒りが喚起されると，私たちは怒りの対象者に接近して直接的に報復したいという強い衝動を覚える。そしてそのような衝動が強すぎる場合には傷害や殺人といった事態が生

じてしまう。このように，感情は一度喚起されると私たちの行動を強力に方向づける。これは，感情が「今ここ」に生じている問題への即時的な適応を促すように進化してきたためである（遠藤，2007）。感情の喚起時は，このような「今ここ」原理が働くことで，文明環境で求められるような将来を見越した行動は阻害され，衝動的，反射的な行動が生じやすくなる（戸田，1992）。

　ここまで述べたように，役立つために進化したはずの感情が非合理にも映る行動を生じるのは，感情という心理システムの想定する環境と現代の環境とが乖離していることが原因の一つである。次節では，感情が認知機能，意思決定に及ぼす具体的な作用を概説し，感情が行動を変容する心理的な機序を述べる。

2　感情と行動

2-1　注意

　想像してみよう。夜道を歩いているときに隣の草むらからガサッと音がした。「何かいるのかな？」「不審者だったらどうしよう…」など，不安を感じながらいろいろな可能性に想像を巡らして音のした方に注意を向けていると，草むらから一匹のネコが出てきて「ネコか…」と安堵する。私たちには，脅威や報酬となりうる事象に対してほぼ自動的に**注意**が向き，その事象をより深く処理しようとする心理的な傾向がある。この傾向は，感情が情報処理の入り口ともいえる注意を調節し，取り込む外部情報に偏り（**バイアス**）を生じることをあらわす。これは，感情的な事象を迅速に検出，そして認識し，素早い対処を可能にするための準備機構といえる。

　ここで重要なことは，感情による注意の調節が適切なレベルに保たれる必要があることだ。脅威事象の生じる可能性を低く見積もりすぎて周囲の状況に注意を向けないことは，実際に危険な事態が生じたときの対処をおろそかにする。しかし，脅威事象の生じる可能性をあまりに高く見積もりすぎて，少しの物音にも過剰に反応するような過度の警戒状態は精神的な健康を悪化させる。事実，不安障害の患者，不安障害に脆弱な人，高い不安特性をもつ人は外界の脅威情

報に対して過度に注意が向きやすく，このような注意の傾向が不安障害の発症や維持の原因となる（Mathews & MacLeod, 2005）。

　不安障害で見られるような脅威情報への過度な注意傾向を**注意バイアス**（attentional bias）と呼ぶ。注意バイアスの測定には，**ドットプローブ課題**と呼ばれる実験課題が広く用いられている。ドットプローブ課題では，実験参加者の目の前のスクリーンに否定的な単語と中性的な単語が短い時間同時に出現した後，どちらかの単語が出現した位置にプローブ（たとえばドットや記号など）が出現する。実験参加者の課題はプローブに気づき次第できるだけ速く所定のボタンを押すことである。プローブが現れてからボタン押しまでの反応時間を計測し，否定語の出現した位置にプローブが出現したときと，中性語の出現した位置にプローブが出現したときの差を比較すると，不安傾向の高い個人では，中性語に比べて否定的な単語の出現した位置に現れたプローブへの反応時間が短くなる。これは，不安傾向の高い者では否定的な単語に対して注意が向きやすく，同じ位置に出現したプローブをより早く検出できるためだと解釈される（MacLeod, Mathews, & Tata, 1986）。このような現象は不安だけではなくうつ病の患者にも観察される（Peckham, McHugh, & Otto, 2010）。これらは，脅威情報を過剰に処理してしまうことが精神的な健康の低下につながることを示している。

2-2　実行機能

　感情は，注意という情報処理の入り口だけではなく，より高次の認知機能である**実行機能**（executive function）にも影響を及ぼす。実行機能とは，目標に沿って行動を制御する能力を指す。たとえば，美味しそうなケーキに注意を引かれたとしても，ダイエットを目標にしているときにはケーキから意図的に目をそらすなどの工夫により，ケーキを食べたいという衝動的な欲求を抑えることができる。この例では，将来の体重の減量が目標となり，この目標に沿って食欲という衝動が抑制されていると理解できる。このような状況で必要とされる認知機能を総称して実行機能と呼ぶ（Diamond, 2013）。

　ミヤケら（Miyake et al., 2000）は，実行機能の構成要素として**抑制**（inhibition），**ワーキングメモリ（作業記憶）**（working memory），**認知的柔軟性**（cognitive flexibility）の三つを挙げている。実行機能が適切に働くことにより，私たちは目の前の感情的な事象に振り回されることなく，長期的な目標に向かって邁進することができる。しかし，私たちはいつでもダイエット，禁煙，禁酒といった長期的な目標を達成できるわけではない。これは，実行機能がつねに強固に働く認知機能であるというよりは，感情やパーソナリティ特性といった心理的要因に影響を受けるためである。

　ここでは，心理的ストレスがワーキングメモリに及ぼす影響を紹介しよう。ワーキングメモリは，実行機能の中でも目標や文脈の保持を担い，将来の行動計画を立てて実行する目標志向的な行動を支えている（苧阪，2012）。ワーキングメモリは，**N-back 課題**と呼ばれる実験課題で計測されることが多い（Owen, McMillan, Laird, & Bullmore, 2005）。N-back 課題とは，数字や文字といった刺激が連続的に呈示される中で，刺激を覚えながら，N個前（たとえば，二つ前や三つ前）の刺激と現在の刺激が同一かを答えるよう求める実験課題であり，答えの正答率をワーキングメモリの働きとして算出する。多くの研究により，人前でのスピーチや模擬面接といった心理的ストレスの経験直後ではN-back 課題の正答率が低下することがわかっている（Shields, Sazma, & Yonelinas, 2016）。このことは，心理的ストレスのような強いネガティブ感情の経験が将来を見据えた行動計画を阻害し，ひいては衝動的な行動を促進してしまうことを示す。事実，心理的ストレスによるワーキングメモリの阻害は，肥満や依存症の再発を生じる主要な原因の一つだと考えられている（Sinha, 2008）。

2-3　意思決定

　レストランでメニューを見ているとき，私たちは頭の中でそれぞれの料理がどれくらい美味しそうか，価格はいくらか，以前に食べたときは美味しかったかなど，様々な観点から料理を評価し，最終的に一つの料理を選択して注文する。このような，複数の選択肢の中からある選択肢を採択することを**意思決定**

と呼ぶ。感情と意思決定の関係性は，**行動経済学**という分野で研究が進められている（友野，2006）。

　ここでは，様々な精神疾患とも関連の深い**遅延割引**という現象を紹介する。上記のレストランの例で，同じくらい好みの料理があるとき，料理Aは2分で提供され，料理Bは提供まで40分かかるとしよう。このような場合，多くの人はより早く提供される料理Aを選択するだろう。これは，選択結果の実現までの遅延時間がその選択肢の価値を低下することで生じる。このような，遅延時間による価値の低下を遅延割引と呼ぶ（佐伯・高橋，2009）。

　遅延割引は，遅延時間の異なる二つの選択肢を提示したときにどちらを選ぶかを観察することで測定する。たとえば，一方は「明日もらえる1000円」，他方は「1週間後にもらえる1200円」という二つの選択肢が同時に現れたとき，実験参加者がどちらを選択したかを観察する。このような選択を選択肢の遅延時間を変えて繰り返すことで，**遅延割引率**と呼ばれる遅延に伴う価値の割引傾向を求めることができる。遅延割引率の高さは，個人が遅延時間に伴いどれだけ大きく価値を割り引くかをあらわす。たとえば，遅延割引率が極端に高い人の場合，「3時間後にもらえる1500円」より「今すぐもらえる1000円」を選択する。反対に，遅延割引率が極端に低い人の場合，「今すぐもらえる1000円」より「1か月後にもらえる1100円」を選択する。このため，遅延割引率の高さは意思決定における**衝動性**の高さを反映すると考えられている（Green & Myerson, 1993）。

　興味深いことに，遅延割引率には大きな個人差が存在する。たとえば，喫煙や飲酒，ギャンブル，インターネットゲームなどへの依存度の高い個人は遅延割引率が高い（Story, Vlaev, Seymour, Darzi, & Dolan, 2014）。また，うつ病，不安障害，統合失調症，注意欠陥多動性障害などの精神疾患と遅延割引率の高さにも関連がある（Story, Moutoussis, & Dolan, 2016）。とくに，遅延割引率が衝動性と関連するという観点から，うつ病における自死（未遂）行為と遅延割引率の高さに関連があるとも報告されている（Dombrovski et al., 2012）。これらの研究知見は，問題行動，そして感情障害などの精神疾患で観察される衝動的な行

動の背景に，長期的な目標の価値を低減して目の前の欲求の価値を高める意思
決定傾向が潜んでいることを示唆する。

2-4　まとめ──感情による行動の変容

　ここまで述べてきたとおり，感情は注意，実行機能，意思決定など幅広い情
報処理過程に影響することで私たちの行動を変容する。感情が行動へ及ぼす影
響の根底にはどのような原理があるのだろうか。前述のとおり，感情の基本的
な働きは，「今ここ」にある問題への対処を促すことである。このため，注意
バイアスに見られるように，感情的に重要な事象は強く注意を惹き，その後の
情報処理を促す。その一方で，心理的ストレスに代表されるネガティブ感情は，
ワーキングメモリのような長期的な行動計画を支える実行機能の下位機能を阻
害するとともに，遅延割引率を上昇することで意思決定の衝動性を上げる。こ
れらは，将来の行動計画を犠牲にして今置かれた環境への対処を促すという感
情の適応機能のあらわれだと考えることができる。また，この観点から，感情
障害などの精神的な健康状態の悪化は，感情的な事象や今置かれた環境へと過
度な焦点化が生じ，日常生活に問題が起きている状態だと理解できる。

3　感情と社会的行動

3-1　社会的状況における感情の働き

　ここまでは，感情が認知機能や意思決定に及ぼす影響について，主に個人の
行動変容に焦点を当ててきた。しかし，感情は個人で完結するものではない。
たとえば，友人と楽しい出来事を共有して笑い合ったり，人前での失敗に恥を
覚えたり，自らの失恋話に友人が共感して涙を流してくれたりと，他者とのや
り取りの中で経験する感情も存在する。感情が個人の適応を促すために進化し
た機能だとすると，このような社会的な文脈において生じる感情にはどのよう
な働きがあるのだろう。

　人は高度に社会的な動物である。私たちの感情は，狩猟採集時代の野生環境

に適応するように進化してきたと考えられているが，このような時代でも人は小集団を形成して行動していた。進化の観点からは，集団での生活は単独での生活よりも狩猟採集や捕食者への対抗，子育てにとって多くの利点があり，集団を形成することが生存率や繁殖率を高める適応的な行動だったようだ。このような観点から，他者との間で生じる感情は，集団の形成，維持に役立つために進化してきたと考えられている（Cosmides & Tooby, 2000）。

　集団の形成と維持に感情が関連することは，私たちが集団のルールや方針といった**社会的規範**から逸脱することに非常に敏感なことからもよくわかる。たとえば，電車で高齢者や妊婦に席を譲らない他者を見たときに怒りや軽蔑を覚えたり，集団の方針と反対の意見を述べることに不安や恐怖を感じたりすることはないだろうか。これらの例のように，私たちは社会的規範から逸脱する他者の姿や自身が集団の方針から逸脱する状況に対し，とても強い感情を経験する。私たちは，所属する社会・文化の規範と自己・他者の行動を照らし合わせ，それをたえず監視していると言われている。そして，監視の中で，自分や他人の行動が規範から逸脱していると評価されたとき，そのときの社会的な文脈の認識に応じて恥，軽蔑，罪悪感といった複雑な社会的感情が生起するといわれている（Koban & Pourtois, 2014）。

3-2　感情とコミュニケーション

　社会的状況における感情の重要な働きは，生じた感情が個人の中で完結せずに他者，ひいては集団の行動に影響を及ぼしうることである。たとえば，他人に失礼なことをされたときの怒り表情の表出は，相手に対して申し訳なさといった気持ちを喚起して謝罪行動を促す。このように，言語や非言語行動を介して表出された個人の感情は，他者の感情を誘発することで社会的行動を促進したり抑えたりする**行為喚起機能**をもち，他者との関係性の形成や維持などのコミュニケーションを調節する（Keltner, Ekman, Gonzaga, & Beer, 2003）。

　他者の感情表出の観察は，私たち自身の感情表出や感情経験に影響を及ぼす。よく笑う人と話しているときに，自分もつられて笑顔になっていると気づくこ

とはないだろうか。ディンバーグら（Dimberg, Thunberg, & Elmehed, 2000）は，喜びや怒りの表情をした他者の画像をごく短時間見せたときの観察者の顔の筋活動を測定したところ，見せた画像の表情と同一の筋活動（喜び顔なら頬の筋肉，怒り顔なら眉の筋肉）が上昇していることを発見した。この現象は**表情模倣**（facial mimicry）と呼ばれ，他者との感情的なコミュニケーションや共感性の基盤になると考えられている。

このような表情表出の模倣に加え，他者の感情は私たちの感情経験にも影響を及ぼす。たとえば，苦しんでいる友人の姿を見て自分も暗い気持ちになることがある。他者の感情表出の観察により自身も同じ感情を経験する現象を**情動伝染**（emotional contagion）と呼ぶ（Hatfield, Cacioppo, & Rapson, 1994）。興味深いことに，表情模倣も情動伝染も乳幼児期においてすでに観察される。このことは，他者との関係性の構築や維持の基盤となる感情的なコミュニケーションが，生得的な心の働きにより支えられていることを示している。

最近の研究では，他者との対面でのやりとりだけではなく，Facebook やTwitter といったソーシャルネットワーキングサービス（SNS）を通じたやりとりでも情動伝染が生じることが報告されている（Kramer, Guillory, & Hancock, 2014）。個人の感情状態が直接的なやりとりを介さずとも他者に伝染し得ることは，情報技術の進歩した現代においては個々人の感情が容易に，そして広範囲にわたって他者に影響を及ぼす可能性を示唆する。情報技術の進歩は，私たちの情報伝達手段を変えるだけではなく，感情的なコミュニケーションのあり方にも大きく影響を及ぼすのかもしれない。

4 感情の合理性を理解する意義

パスカル（Pascal, 1670 津田訳 1952）は『パンセ』の中で，「心情（感情）は理性の知らない，それ（感情）自身の理性をもっている」と記している。パスカルのこの言葉のとおり，本章では，一見非合理に映る感情の根底にも，野生環境での適応度を高めるという独自の合理性が潜んでいることを示した。常日

頃から私たちを振り回す感情の根底にもある種の合理性が存在することを認識しておくことは，自身の感情との上手な付き合い方を知ることに加え，精神的な健康を損ねている他者の感情や行動を理解すること，日常生活における非合理な行動を予測し対処することに役立つだろう。

❖考えてみよう
・感情の問題をふまえたとき，学校や職場，共同体などで生じるいじめの問題について，どのような理解が可能になるだろうか。そしてどのような向き合い方が必要だと考えられるだろうか。
・昔も今も，様々な状況で「デマ」（根拠のない噂話）が流行する。現在はSNSでのデマ拡散がたびたび問題となる。デマは，それを広げてしまう人がいるから広まるわけだが，人がデマを拡散してしまうときに特徴的な感情や思考とは，どのようなものだろうか。

もっと深く，広く学びたい人への文献紹介
藤田　和生（編）（2012）．感情科学　京都大学学術出版会
　　☞感情の働きについて，基礎的な研究知見に加えて臨床，発達，文化，言語といった幅広い分野をカバーしているため，自身の興味のあるテーマを選んで学ぶことができる。
戸田　正直（1992）．感情――人を動かしている適応プログラム――　東京大学出版会
　　☞感情を環境へ適応するためのプログラムとしてとらえ，現代社会において感情の非合理性が生じる理由とそのメカニズムについて具体例を挙げつつ紹介している。感情が行動に及ぼす影響について深く学ぶことができる。
長谷川　寿一・長谷川　眞理子（2000）．進化と人間行動　東京大学出版会
　　☞感情を含む人間の行動がどのような進化的な過程を経て形成されてきたのかを様々な生物との対比を通して紹介する進化心理学の入門書。

引用文献

Cosmides, L., & Tooby, J. (2000). Evolutionary psychology and the emotions. In M. Lewis & J. M. Haviland-Jones (Eds.), *Handbook of emotions* (2nd ed., pp. 91-115). New York: Guilford Press.

Darwin, C. (1859). *On the origin of species by means of natural selection or the preservation of favoured races in the struggle for life.* London: John Murray.

Diamond, A. (2013). Executive functions. *Annual Review of Psychology, 64,* 135-

168.

Dimberg, U., Thunberg, M., & Elmehed, K.（2000）. Unconscious facial reactions to emotional facial expressions. *Psychological Science, 11*, 86-89.

Dombrovski, A. Y., Siegle, G. J., Szanto, K., Clark, L., Reynolds, C., & Aizenstein, H.（2012）. The temptation of suicide: Striatal gray matter, discounting of delayed rewards, and suicide attempts in late-life depression. *Psychological Medicine, 42*, 1203-1215.

遠藤 利彦（2007）. 感情の機能を探る　藤田 和生（編）感情科学（pp. 3-34）京都大学学術出版会

Green, L., & Myerson, J.（1993）. Alternative frameworks for the analysis of self control. *Behavior and Philosophy, 21*, 37-47.

長谷川 寿一・長谷川 眞理子（2000）. 進化と人間行動　東京大学出版会

Hatfield, E., Cacioppo, J., & Rapson, R.（1994）. *Emotional contagion.* New York: Cambridge University Press.

Keltner, D., Ekman, P., Gonzaga, G. C., & Beer, J.（2003）. Facial expression of emotion. In R. J. Davidson, K. R. Scherer, & H. H. Goldsmith（Eds.）, *Handbook of affective sciences*（pp. 415-432）. Oxford: Oxford University Press.

Koban, L., & Pourtois, G.（2014）. Brain systems underlying the affective and social monitoring of actions: An integrative review. *Neuroscience & Biobehavioral Reviews, 46*, 71-84.

Kramer, A. D., Guillory, J. E., & Hancock, J. T.（2014）. Experimental evidence of massive-scale emotional contagion through social networks. *Proceedings of the National Academy of Sciences, 111*, 8788-8790.

MacLeod, C., Mathews, A., & Tata, P.（1986）. Attentional bias in emotional disorders. *Journal of Abnormal Psychology, 95*, 15-20.

Mathews, A., & MacLeod, C.（2005）. Cognitive vulnerability to emotional disorders. *Annual Review of Clinical Psychology, 1*, 167-195.

Miyake, A., Friedman, N. P., Emerson, M. J., Witzki, A. H., Howerter, A., & Wager, T. D.（2000）. The unity and diversity of executive functions and their contributions to complex "frontal lobe" tasks: A latent variable analysis. *Cognitive Psychology, 41*, 49-100.

苧阪 直行（2012）. 前頭前野とワーキングメモリ　高次脳機能研究（旧失語症研究）, *32*(1), 7-14.

Owen, A. M., McMillan, K. M., Laird, A. R., & Bullmore, E.（2005）. N-back working memory paradigm: A meta-analysis of normative functional neuroimaging studies. *Human Brain Mapping, 25*, 46-59.

Pascal, B.（1670）. *Pensées.* Paris: Port Royal.（パスカル, B.　津田 穣（訳）

(1952). パンセ（上・下） 新潮社）

Peckham, A. D., McHugh, R. K., & Otto, M. W. (2010). A meta-analysis of the magnitude of biased attention in depression. *Depression and Anxiety, 27,* 1135-1142.

佐伯 大輔・高橋 雅治（2009）．第3章 遅延割引関数を使う 坂上 貴之（編）意思決定と経済の心理学（pp. 53-56） 朝倉出版

Shields, G. S., Sazma, M. A., & Yonelinas, A. P. (2016). The effects of acute stress on core executive functions: A meta-analysis and comparison with cortisol. *Neuroscience & Biobehavioral Reviews, 68,* 651-668.

Sinha, R. (2008). Chronic stress, drug use, and vulnerability to addiction. *Annals of the New York Academy of Sciences, 1141,* 105-130.

Story, G. W., Moutoussis, M., & Dolan, R. J. (2016). A computational analysis of aberrant delay discounting in psychiatric disorders. *Frontiers in Psychology, 6,* 1948.

Story, G., Vlaev, I., Seymour, B., Darzi, A., & Dolan, R. (2014). Does temporal discounting explain unhealthy behavior? A systematic review and reinforcement learning perspective. *Frontiers in Behavioral Neuroscience, 8,* 76.

戸田 正直（1992）．感情――人を動かしている適応プログラム―― 東京大学出版会

友野 典男（2006）．行動経済学――経済は「感情」で動いている―― 光文社新書

第4章 感情の失調と制御
——感情とかしこくつき合うには

川 本 哲 也

　私たちが日々経験している感情は，私たちの日常生活，そして人生をより豊かなものにする。感情には喜びや誇りなどポジティブな感情もあれば，悲しみや怒り，恐怖といったネガティブな感情も存在する。それらは，一つひとつが重要な機能をもち，行動を動機づけ，方向づけし，様々な意思決定を促し，学習や記憶の効率を高め，他者とのコミュニケーションを円滑にする（遠藤，2013；Gross, 2014）。しかし，感情はどんなときでも適応的で機能的であるわけではない。感情の強度が大きすぎたり，また長期にわたり同じ感情状態が続いたりする場合，感情は不適応的なものとなる。本章では，感情が見せる不適応な側面に，人がいかに対処するのかを学ぶ（感情の障害については，第1章2節も参照のこと）。

1　感情制御

1-1　感情制御とは

　感情とは機能的なものであるが，強すぎる感情や，あまりにも長期にわたる感情の経験は，日常生活に悪影響を及ぼしうる（遠藤，2013）。ゆえに，感情を制御・調整することが有効となる。支障なく日常生活を送るためには，状況に応じて適した感情を適した強度・タイミングで経験し，それを状況にあった適切な形で表出する必要がある。この心の働きを**感情制御**と呼ぶ（Gross, 1998b）。
　グロス（Gross, 1998a）によれば，感情は①感情を喚起するような刺激や状況

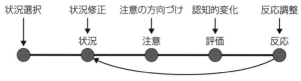

図 4-1　感情制御のプロセスモデル
（出所）Gross（2014）を改変

　に出くわし（状況），②その刺激に注意を向け（注意），③それを評価し（評価），
④感情反応が出現する（反応）という一連の流れによって生じる。さらに，最
終的に生じた感情反応がこの一連の感情生起過程を引き起こした最初の刺激に
影響することもある。このようなループ状の感情生起過程を，モーダルモデル
と呼ぶ（Gross, 1998a, 2014）。

　グロス（Gross, 1998b, 2014）はこのモーダルモデルに依拠し，感情制御の**プ
ロセスモデル**を提唱した。このプロセスモデルでは，感情生起のモーダルモデ
ルの各ステップを制御・調整のターゲットとみなしている。プロセスモデルに
は合計五つの性質の異なる感情制御のポイントが含まれていて，感情生起の時
間的な過程の順に，状況選択，状況修正，注意の方向づけ，認知的変化，反応
調整と呼ばれている（図 4-1）。

　状況選択とは先を見越して行動する形の感情制御方略であり，望ましい感情
を喚起しうる状況に接近するような行動や，望ましくない感情を喚起しうる状
況を回避するような行動をより多くとるというものである。たとえば気難しく
て苦手な知り合いを避ける，話をよく聞いて共感してくれるような友人と出か
ける，といった行動が含まれる。

　二つ目の感情制御方略である状況修正は，感情を引き起こすであろう刺激や
状況を調整し，結果として当初と異なる感情を引き起こさせるようにするとい
うものである。たとえば，大勢の聴衆の前でスピーチをするとき，聴衆の笑い
を誘うためにジョークをはさむといった行動が挙げられる。状況を調整しよう
とする手続きは場合によっては新たに別の状況を生み出すことにもなるため，
状況修正と状況選択は区別するのが難しい。

　三つ目の感情制御方略である注意の方向づけは，ある状況下における自分自身の注意の向け方を変えることで，自身の感情の調整を図るものである。注意の方向づけには気晴らしや集中，反芻などの下位方略が含まれる。近年のメタ分析（同じ研究課題について行われた複数の研究の結果を統合し，統計的な方法を用いて分析する手法）の結果からは，注意の方向づけの中でもとくに気晴らしは感情制御方略として有効であることが示されている（Webb, Miles, & Sheeran, 2012）。

　四つ目の感情制御方略は認知的変化であり，状況のとらえ方や状況に対する自分の対処能力に関する信念を変えることで，その状況の評価を改め，生起する感情を変化させるような方略を指す。代表的なものでは再評価という下位方略が知られており，状況や刺激，自分の感情状態を意味づけしなおし，新たに解釈する。メタ分析の結果からは，認知的変化は全般的に感情制御の方略として有効であることが示されている（Webb et al., 2012）。

　五つ目の感情制御方略である反応調整は，感情生起プロセスの後半で生じるもので，感情経験や感情表出，生理的反応を含む感情反応全般を直接的に調整する方略を指す。たとえば，深呼吸や体を使ったエクササイズ，お酒やたばこ，食事といった方法がこの反応調整に含まれる。また，もっとも代表的な反応調整の下位方略は感情表出の抑制である。感情表出の抑制は，メタ分析の結果から，感情の表出の調整という観点からは有効であるが，生理的反応の観点からはむしろ悪影響を及ぼす可能性が示唆されている（Webb et al., 2012）。

1-2　感情制御の発達

乳幼児期

　感情制御の発達は生後間もないときから始まっている。とくに子どもが小さいときは，養育者は子どもの感情反応に直接的に働きかけ，感情の調整を行う。たとえば，泣いている子どもをあやしたり，子どもと一緒に遊びに熱中したりするのは，子どもの感情を制御する働きをもっているといえる（Thompson, 2014）。この養育者による直接的な感情の調整が繰り返されることで，子ども

は感情を制御することに関するある種の社会的な期待を形成することができるようになる。実際に生後6か月までに，不快な感情を経験し泣いていても，母親が近づいてくる足音が聞こえ，母親の到着が予期される場合，泣き止んで落ち着いて母親を待つことができるようになるという（Gekoski, Rovee-Collier, & Carulli-Rabinowitz, 1983）。

　養育者による感情への直接的な働きかけだけではなく，子ども自身による感情制御も生後間もないときから存在するようである。快刺激に対して接近し，不快刺激を回避するような生得的な反応は，新生児期から確認される。また不快感情の原初的な制御方法として，たとえば指を吸うといった行動も出現する。生後1年目の間に，神経生物学的な注意システムが成熟してくることで，子どもは不快な感情を喚起するような事象から離れるといった，自発的なコントロールが可能となる（Posner & Rothbart, 2000）。さらに生後1年目の後半には運動能力が発達し，気持ちを落ち着かせたり，不快な刺激や状況を避けたりするために，養育者に近づいて手を差し出し，接触しようとするようになる。

　発達早期より出現する，活動性や情動，注意，自己制御の領域における基礎的な特性を**気質**と呼ぶ（Shiner et al., 2012）（第8章参照）。感情制御の発達において，気質の個人差は少なからぬ影響を与えるとされる（Thompson & Goodvin, 2007）。怒りやすさなどの，ネガティブ感情の生じやすさのような気質の側面は，制御・調整を必要とするような感情反応の強度やその持続性に影響すると考えられる（e.g., Calkins, Dedmon, Gill, Lomax, & Johnson, 2002）。また，**エフォートフルコントロール**[1]のような気質の側面は，感情制御や行動の自己制御に直接的に関連することも考えられる（e.g., Kochanska, Murray, & Harlan, 2000）。さらに，子どもの気質は養育者の養育と互いに影響し合い，感情制御の発達に影響を与える可能性も考えられる（e.g., Feng et al., 2008）。

➡1　エフォートフルコントロールとは，顕在化している反応を抑制して，非顕在的な反応を実行する能力を指す。より詳細には，現在進行している顕在化した反応を制御し，非顕在的な反応を開始し，計画を立て，誤りを検出するなどの能力を含む，実行注意（executive attention）の効率性を反映した概念と定義される。

　乳幼児期に養育者との間で築かれる**アタッチメント**も，感情制御の発達に影響を与えると考えられる（Cassidy, 1994）。アタッチメントとは不安や恐怖を感じた際に，特定の他者に近接して安心感を得ようとする傾向を指す（Bowlby, 1969/1982）。敏感で応答的な養育を受けた子どもは，養育者に対し安定したアタッチメントを形成し，不安定なアタッチメントを示す子どもと比べ，より自分の感情に対し自覚的で，状況に応じた感情の制御が可能になると考えられる。実際に，不安定なアタッチメントを築いている子どもは，3歳時点で恐怖や怒りなどのネガティブ感情を表出しやすい（Kochanska, 2001）一方で，安定したアタッチメントを築いている子どもは，ネガティブ感情に対しうまく対処することが示されている（e.g., Diener, Mengelsdorf, McHale, & Frosch, 2002）。

児童期・青年期

　幼児期以降の言葉の発達に伴い，子どもは自己の感情を言語によって表現できるようになり，そして感情を他の出来事との関連でよりよく理解することができるようになる。これにより，子どもは自分の感情をよりうまく調整することが可能となる。たとえば，子どもにそのとき感じている気持ちを言語化するよう促すことは，言語能力によって感情制御の発達を促すことにつながるだろう（Thompson, 2014）。また，日常生活の中で養育者側から認知的再評価や注意の方向づけを促すような言葉かけをすることも，子どもの感情制御の発達を促すと考えられている（e.g., Miller & Sperry, 1987）。さらに，家庭の感情的風土や養育者の子どもに対する感情制御に関する期待なども，子どもの感情制御の発達に影響する。とくに，ポジティブな感情的風土をもつ家庭では，子どもがより建設的な感情制御の能力を発達させやすいことなどが示されている（Halberstadt & Eaton, 2002）。

　児童期から青年期にかけての概念的・抽象的思考の発達に伴い，子どもは自己省察の能力を発達させ，自分自身や他者の感情について考えることが可能になる。そのことで，よりうまく感情を制御することができるようになる。児童期の中頃には，気晴らしや思考の転換，状況に対する認知的再評価，深呼吸などの反応調整により，感情をどのように制御・調整することができるのかを認

識できるようになる。とくに実行機能の発達は，これらの感情制御方略の発達を促すと考えられている（Zelazo & Cunningham, 2007）。

また，児童期・青年期には社会的な関係性が広がり，友人関係がより重要となる。友人との間で自分の感情について話をすることは感情に関する自己開示に相当し，感情を調整するためのサポートを友人から得たり，友人に与えたりする集団規範の形成に役立つとされる（Gottman & Parker, 1986）。友人との関係性の中で発達する感情制御方略は，養育者との関係の中で発達する感情制御方略とは異なる可能性があり，児童期・青年期の友人との関係性は，感情制御の発達にとって重要な要因といえる。

成人期

感情制御には広範な個人差があるが，多くの人は成人期前期までに基本的な感情制御方略のレパートリーを獲得するとされる（John & Gross, 2004）。適切な感情制御方略は，職場や家庭など日常生活のあらゆる場面において，その人がうまく課題を遂行することを可能にする。ただし，その人の性別やパーソナリティ，文化的背景により，有効な感情制御方略は異なる。成人期には，自身の感情をうまく制御する方略を選択的に用いることが重要となってくる。

また，成人期には加齢とともに用いる感情制御も発達的に変化する。**社会情動的選択性理論**（socioemotional selectivity theory: Carstensen, Isaacowitz, & Charles, 1999）によれば，知覚された将来の時間の認識が，情報を収集したり視野を拡大したりするような未来志向の目標を追求するか，それとも自身の感情的な満足を重視する現在志向の目標を追求するかに影響するという。とくに成人期後期や老年期に入ると，残された将来の時間が少なくなってくるため，満足感や充実感を感じられる活動へ，より時間やエネルギーを投資するようになる。結果として，成人期後期や老年期においては，自身の感情的なバランスを保ち，家族などの重要な関係性を良好に維持し，ものごとをよりポジティブに評価し，小さなことには目をつむるようになるといわれている。

2　感情の失調

2-1　ストレス

　生活が便利で豊かになり，一見すると何不自由ないように見える現代社会で
も，多くの人が心や体に負担を感じ，「ストレス社会」という言葉も広まって
いる。**ストレス**とは，心理的・身体的に安定した状態が何らかの外的な刺激
（**ストレッサー**）によって崩される現象を指す。ストレスにおける身体的・生
理的要因を重要視したセリエ（Selye, 1956）は，環境中の種々のストレッサー
（物理的・化学的・生理的・精神的ストレッサー）は，生体がその刺激に適応し
ようとするための非特異的な反応[2]を生じさせると考えた。そして生体がスト
レッサーに対してみせる適応反応を，**汎適応症候群**として理論化した。汎適応症
候群は，生体が持続的にストレッサーにさらされた際に生じる段階的な生体の
抵抗反応を説明し，①生体が急にストレッサーに直面した際の緊急反応が生じ
る警告期，②生体がストレッサーに抵抗し，一見すると安定した状態を取り戻
したように見える抵抗期，③生体がストレッサーへの適応反応を維持できず，
抵抗力が減退し，最終的には死に至ることもある疲憊期（ひはい）の 3 段階に分かれる。
　セリエの理論では，ストレス事態における非特異的な反応が仮定されていた。
しかし同じストレッサーを経験しても，人によってそこから受ける影響は異な
りうる。ラザルスとフォルクマン（Lazarus & Folkman, 1984）の**認知的評価モ
デル**は，ストレスにおける心理的・認知的要因を重視したモデルであり，個人
によってストレッサーの意味づけや対処の仕方が異なる点を重視したものであ
る。認知的評価モデルでは，まずストレッサーが自身にとって脅威となりえる
のかという一次的な評価がなされ，ストレッサーが脅威と評価された場合に，

➡ 2　セリエは，動物を急性の様々な刺激（非常に強い光，強烈な騒音，極端な暑さ・
　　寒さ，継続的なフラストレーション，など）にさらす実験を数多く行った。その結
　　果，すべての実験動物に胃潰瘍，リンパ組織の萎縮，副腎の肥大という三つの共通
　　した症状が現れることに気づいた。この三つの病理学的変化は，どの種類のストレ
　　ッサーにさらされても生じる非特異的な反応である。

そのストレッサーは対処可能かどうかという二次的な評価が行われる。ストレス反応が生じるのは，一次的評価においてストレッサーが脅威とみなされ，かつ二次的評価において対処できないと評価された場合ということになる。

2-2　コーピング

認知的評価モデルでは，たとえストレッサーが脅威であると評価されても，その後の対処が可能であればストレス反応は生じない。ゆえに，認知的評価モデルでは**コーピング**と呼ばれるストレス事態への何らかの対処が重要となる。コーピングの方略として，脅威となっているストレッサーそのものの解決に焦点をあてる**問題解決型コーピング**と，ストレス事態におけるネガティブな感情反応を抑えるような，感情へ焦点をあてる**情動焦点型コーピング**の2種類が知られている（Lazarus & Folkman, 1984）。

ラザルスとフォルクマンによる問題解決型・情動焦点型コーピングは，コーピング方略を明瞭な形で二つに分けたものである。しかし，異なる種類の多様なコーピングが同じものとしてまとめられていることや，問題解決型・情動焦点型コーピングの両方の特徴を併せ持つ場合があるといった批判もある。一方ヴァイスら（Weisz, McCabe, & Dennig, 1994）は，コーピングにおける個人の統制感に着目し，コーピングを一次制御コーピング（primary control coping）と二次制御コーピング（secondary control coping）に分類した。前者はストレッサーやそれに対する感情的な反応を能動的に変えようとするコーピングで，問題解決行動や感情の表出が含まれる。後者は認知的再評価や受容，気晴らしといった，ストレッサーに自身を適応させようとするコーピングである。

しかし，ヴァイスらによる二つのコーピングはともにストレッサーに対する接近的なコーピングであり，回避的なコーピングが含まれていないという問題点がある。そこでコンパスら（Compas, Connor-Smith, Saltzman, Thomsen, & Wadsworth, 2001）は，ヴァイスらのコーピングのモデルを発展させる形で，一次制御コーピングと二次制御コーピングに加え，回避や否認のようなストレッサーから離れようとする離脱型コーピング（disengagement coping）を含んだ，

三つのコーピング方略からなるモデルを提唱している。

　ラザルスとフォルクマンやコンパスらは，コーピングをストレス事態に対する反応プロセスとして定義した。つまり，コーピングは時間の経過の中で状況によって変化するものとしてとらえられている。また，コーピングは意識的で目的的，そして意図的な思考や行動を必要とする，エフォートフルな（effortful：骨の折れる）プロセスとされている（Compas et al., 2001；Lazarus & Folkman, 1984）。

　コーピングは，前節で扱った感情制御と強く関連するものである。両者とも制御・調整のプロセスであるという点においては共通している。しかし，コーピングはもっぱらストレス事態という文脈に限定されたものであり，それに対し感情制御はそれ以外の多様な文脈もその射程に入れている。この意味からすると，感情制御の方がより広範な制御プロセスといえるだろう。

3　感情知性の理と応用

3-1　感情知性とは

　感情のもつ非合理的な側面に対処するため，感情制御という感情をコントロールする心の働きが有効となる。しかし，感情はつねに反機能的で非合理的なわけではなく，機能的で合理的な側面も併せ持っている（遠藤, 2013）。ゆえに感情の反機能的・非合理的な側面にうまく対処しながら，他方で機能的・合理的な側面の恩恵を受けられるようにすることが重要である。このような感情をうまく管理する心の働きとして，**感情知性**という概念に近年注目が集まっている。感情知性のルーツは，ソーンダイク（Thorndike, 1920）が提唱した社会的知能と呼ばれる，他者を理解・管理し，人間関係において賢く行動するための能力を表した概念に遡ることができる。より最近では，ガードナー（Gardner, 1999）の**多重知能理論**における内省的・対人的知能[3]の概念が，感情知性と重なるだろう。

　感情知性という概念を直接的に提唱したメイヤーとサロヴェイ（Mayer &

Salovey, 1997）によれば，感情知性とは，①感情の知覚・評価・表出，②感情による思考の促進，③感情の推論・理解，④感情の制御・管理という四つの能力から構成される。またこの四つの能力は①から④にかけて階層構造となっており，①がもっとも低次な能力で，番号が大きくなるとともにより高次な能力になると仮定されている。このメイヤーとサロヴェイによる感情知性のモデルを，**感情知性の四肢モデル**と呼ぶ。

3-2　能力としての感情知性と特性としての感情知性

　感情知性を提唱したメイヤーとサロヴェイは，それを「能力（ability）」としてとらえたわけであるが，近年の感情知性研究では，感情知性を「特性（trait）」としてとらえる場合も多い。能力としての感情知性と特性としての感情知性の区別は，感情知性という構成概念をどのように操作的に定義し[4]，測定しようとするのかという測定方法によるところが大きい。

　能力としての感情知性は，感情知性をあくまでも知能と同様の能力であるととらえている。そのため，その測定法も知能と同じく最大能力検査（maximum-performance tests）となる。一方，特性としての感情知性は，感情知性を感情に関連した特性・傾向・自己認知の集まりととらえ，パーソナリティの下位レベルに位置づけられるとみなす（Petrides, Pita, & Kokkinaki, 2007）。言い換えれば，感情に関する自己効力感（emotional self-efficacy）[5]とも呼べるもので

→ 3　ガードナーの多重知能理論は認知能力の多次元性を強調した理論であり，これまでに八つの知能が提案されている。そのうち内省的知能と対人的知能が感情知性に相当するものと考えられている。内省的知能とは自分自身のことを理解し，それをもとに効率よく行動する能力を反映したものである。対人的知能とは他者の意図や動機づけ，欲求などを理解し，それをもとに円滑な対人関係を構築する能力を指す。

→ 4　操作的に定義するとは，観察したい構成概念を測定方法から定義することである。たとえば，知能を「知能検査の得点（IQ）である」とするような定義の仕方を指す。

→ 5　自己効力感とは，成果を生み出すのに必要な行動を効果的に実行するための自身の能力に対する信念や認知のことである。感情に関する自己効力感とは，感情の機能にかかわる自己効力感を指し，感情の効果的な処理，理解，管理などに資するものである。

ある。その測定法は自己報告式の質問紙法のパーソナリティ検査と同様となる。

　能力・特性としての感情知性は，両者ともに感情知性でありながら，その関連性は弱い（e. g., Kafetsios, Maridaki-Kassotaki, Zammuner, Zampetakis, & Vouzas, 2009）。この関連の弱さは，前者が感情知性を知能という認知的な能力に近しいものととらえ，後者は感情知性をパーソナリティ特性という非認知的な概念としてとらえていることに起因するのだろう。近年のメタ分析の結果からは，仕事のパフォーマンスや健康といった実際の日常生活場面における変数との間に，能力としての感情知性も特性としての感情知性も，両者ともにある程度の関連が見られることが示されている（Martins, Ramalho, & Morin, 2010；O'Boyle, Humphrey, Pollack, Hawver, & Story, 2010）。ただし，その関連の強さは特性としての感情知性の方が相対的に大きいことも示唆されている。

　二つの感情知性が実質的に別個の構成概念を反映していることは明らかであるが，感情知性というものの理論的・実践的な意義を考える上で，二つの感情知性はともに独自の価値をもっている（遠藤，2013）。メタ分析の結果からは，能力としての感情知性は実際の日常生活場面における帰結との関連が弱い（Martins et al., 2010；O'Boyle et al., 2010）。遠藤（2013）によれば，そのような社会生活における帰結を能力としての感情知性から説明する際に，特性としての感情知性，または感情にかかわるベースラインとしてのパーソナリティ特性を考慮する必要性があるという。つまり，一人ひとり異なる感情のベースラインに応じて，個々に適した能力としての感情知性があるということを提唱している。この考え方は，感情そのものの理を活かす感情知性の応用といえるだろう。

❖考えてみよう
・自分の感情について話をすることは，なぜ感情制御に有効なのだろうか。本章の内容から考えてみよう。
・子どもの気質と養育者の養育とが互いに影響し合う例として，好循環の場合，悪循環の場合をそれぞれ考えてみよう。また悪循環の場合には，どのようにすればそれを断ち切ることができるか，考えてみよう。

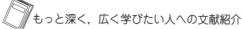
もっと深く，広く学びたい人への文献紹介

遠藤 利彦・佐久間 路子・石井 佑可子（編著）(2014)．よくわかる情動発達
　　ミネルヴァ書房
　　☞初学者が独学で読み進められそうなレベルの本。感情の機能やその発達，
　　さらに本章で扱った感情知性や感情制御についても網羅的に，わかりやす
　　く説明された書籍である。
榊原 良太 (2017)．感情のコントロールと心の健康　晃洋書房
　　☞学部段階ではやや難しいが今後心理職として働いていく上で有益な本。感
　　情制御と心の健康について，感情労働を伴う職業に従事する人を対象とし
　　た調査の結果から，詳細に考察した書籍である。

引用文献

Bowlby, J. (1969/1982). *Attachment and loss, Volume 1, Attachment.* New York NY: Basic Books.

Calkins, S. D., Dedmon, S. E., Gill, K. L., Lomax, L. E., & Johnson, L. M. (2002). Frustration in infancy: Implications for emotion regulation, physiological processes, and temperament. *Infancy, 3*, 175-197.

Carstensen, L. L., Isaacowitz, D. M., & Charles, S. T. (1999). Taking time seriously: A theory of socioemotional selectivity. *American Psychologist, 54*, 165-181.

Cassidy, J. (1994). Emotion regulation: Influences of attachment relationships. *Monographs of the Society for Research in Child Development, 59*, 228-283.

Compas, B. E., Connor-Smith, J. K., Saltzman, H., Thomsen, A. H., & Wadsworth, M. (2001). Coping with stress during childhood and adolescence: Problems, progress, and potential in theory and research. *Psychological Bulletin, 127*, 87-127.

Diener, M. L., Mengelsdorf, S. C., McHale, J. L., & Frosch, C. A. (2002). Infants' behavioral strategies for emotion regulation with fathers and mothers: Associations with emotional expressions and attachment quality. *Infancy, 3*, 153-174.

遠藤 利彦 (2013)．「情の理」論――情動の合理性をめぐる心理学的考究――
　　東京大学出版会

Feng, X., Shaw, D. S., Kovacs, M., Lane, T., O'Rourke, F. E., & Alarcon, J. H. (2008). Emotion regulation in preschoolers: The roles of behavioral inhibition, maternal affective behavior, and maternal depression. *Journal of Child Psychology and Psychiatry, 49*, 132-141.

Gardner, H. (1999). *Intelligence reframed: Multiple intelligences for the 21st century.* New York: Basic Books.

Gekoski, M. J., Rovee-Collier, C. K., & Carulli-Rabinowitz, V. (1983). A longitudinal analysis of inhibition of infant distress: The origins of social expectations? *Infant Behavior & Development, 6,* 339-351.

Gottman, J. M., & Parker, J. (Eds.). (1986). *Conversations of friends: Speculations on affective development.* New York: Cambridge University Press.

Gross, J. J. (1998a). Antecedent- and response-focused emotion regulation: Divergent consequences for experience, expression, and physiology. *Journal of Personality and Social Psychology, 74,* 224-237.

Gross, J. J. (1998b). The emerging field of emotion regulation: An integrative review. *Review of General Psychology, 2,* 271-299.

Gross, J. J. (2014). Emotion regulation: Conceptual and empirical foundations. In J. J. Gross (Ed.), *Handbook of emotion regulation* (2nd ed., pp. 3-20). New York: Guilford Press.

Halberstadt, A. G., & Eaton, K. L. (2002). A meta-analysis of family expressiveness and children's emotion expressiveness and understanding. *Marriage & Family Review, 34,* 35-62.

John, O. P., & Gross, J. J. (2004). Healthy and unhealthy emotion regulation: Personality processes, individual differences, and life span development. *Journal of Personality, 72,* 1301-1333.

Kafetsios, K., Maridaki-Kassotaki, A., Zammuner, V. L., Zampetakis, L. A., & Vouzas, F. (2009). Emotional intelligence abilities and traits in different career paths. *Journal of Career Assessment, 17,* 367-383.

Kochanska, G. (2001). Emotional development in children with different attachment histories: The first three years. *Child Development, 72,* 474-490.

Kochanska, G., Murray, K. T., & Harlan, E. (2000). Effortful control in early childhood: Continuity and change, antecedents, and implications for social development. *Developmental Psychology, 26,* 220-232.

Lazarus, R. S., & Folkman, S. (1984). *Stress, appraisal and coping.* New York, NY: Springer.

Martins, A., Ramalho, N., & Morin, E. (2010). A comprehensive meta-analysis of the relationship between Emotional Intelligence and health. *Personality and Individual Differences, 49,* 554-564.

Mayer, J. D., & Salovey, P. (1997). What is emotional intelligence? In P. Salovey & D. J. Sluyter (Eds.), *Emotional development and emotional intelligence: Educational implications* (pp. 3-31). New York, NY: Basic Books.

Miller, P. J., & Sperry, L. (1987). The socialization of anger and aggression. *Merrill-Palmer Quarterly, 33*, 1-31.

O'Boyle, E. H., Jr., Humphrey, R. H., Pollack, J. M., Hawver, T. H., & Story, P. A. (2010). The relation between emotional intelligence and job performance: A meta-analysis. *Journal of Organizational Behavior, 32*, 788-818.

Petrides, K. V., Pita, R., & Kokkinaki, F. (2007). The location of trait emotional intelligence in personality factor space. *British Journal of Psychology, 98*, 273-289.

Posner, M. I., & Rothbart, M. K. (2000). Developing mechanisms of self-regulation. *Development and Psychopathology, 12*, 427-441.

Selye, H. (1956). *The stress of life*. New York, NY: McGraw-Hill.

Shiner, R. L., Buss, K. A., McClowry, S. G., Putnam, S. P., Saudino, K. J., & Zentner, M. (2012). What is temperament now? Assessing progress in temperament research on the twenty-fifth anniversary of Goldsmith et al. (1987). *Child Development Perspectives, 6*, 436-444.

Thompson, R. A. (2014). Socialization of emotion and emotion regulation in the family. In J. J. Gross (Ed.), *Handbook of emotion regulation* (2nd ed., pp. 173-186). New York, NY: Guilford Press.

Thompson, R. A., & Goodvin, R. (2007). Taming the tempest in the teapot: Emotion regulation in toddlers. In C. A. Brownell & C. B. Kopp (Eds.), *Socioemotional development in the toddler years: Transitions and transformations* (pp. 320-341). New York, NY: Guilford Press.

Thorndike, E. L. (1920). Intelligence and its uses. *Harper's Magazine, 140*, 227-235.

Webb, T. L., Miles, E., & Sheeran, P. (2012). Dealing with feeling: A meta-analysis of the effectiveness of strategies derived from the process model of emotion regulation. *Psychological Bulletin, 138*, 775-808.

Weisz, J. R., McCabe, M. A., & Dennig, M. D. (1994). Primary and secondary control among children undergoing medical procedures: Adjustment as a function of coping style. *Journal of Consulting and Clinical Psychology, 62*, 324-332.

Zelazo, P. D., & Cunningham, W. A. (2007). Executive function: Mechanisms underlying emotion regulation. In J. J. Gross (Ed.), *Handbook of emotion regulation* (pp. 135-158). New York, NY: Guilford Press.

第Ⅱ部

人格心理学

第5章　パーソナリティの定義
——パーソナリティはどのような枠組みで考えることができるのか

小塩真司

> パーソナリティを知ることは，人間そのものをどのように理解するかという問題でもある。それは，自分や他者を見るときの枠組みとしても機能するものであり，自分や他者を判断する際の基準にもなる。人間のパーソナリティを探求する歴史は長いが，それに比べて心理学としての歴史はそれほど長いものではない。とくに，コンピュータと統計処理の発展とともに大規模なデータを分析することが可能になることで，人間の基本的な特性の探究に対して一定の回答を得られるようにもなってきた。また，パーソナリティ特性を用いた研究は心理学のみならず，他領域の研究にも応用されるようになっている。

1　パーソナリティとは

1-1　用語の整理

　心理的な個人差を表現するいくつかの言葉がある。「性格」「人格」「パーソナリティ」「気質」である。ここでは，これらの言葉について解説する。

　まず，**気質**である。この言葉は，人間の心理学的な個人差のうち，遺伝的，生理的な傾向を指す言葉である。また，まだ言語を発することができない乳幼児期の心理学的個人差を指す場合もある。この気質は，英単語の temperament に対応する。temperament という単語の語源は体液の混合というところにあり，これはのちに説明する四体液説に相当する。

　性格と**人格**という日本語の経緯は，やや混乱している。これらの言葉は，英

単語の character と personality に相当する。もともと character という単語を性格に，personality という単語を人格に対応づけてきたという経緯がある。しかし，英単語の character には「望ましい特徴」という意味が付随する一方，personality にはそのような意味が含まれない。英単語の character は，明らかに望ましい心理学的個人差を表現する用語である。たとえば，character education は品格教育と訳されている（青木，2014）。

　日本語では，人格という言葉に「望ましい特徴」という意味が含まれる一方で，性格にはそのような意味は付与されない。これはたとえば，「彼は人格者だ」という表現は通じるが「彼は性格者だ」とは言わないことに表れている。

　このような経緯から，細かい意味上の混乱を避けるために，近年では**パーソナリティ**とカタカナで表記する機会が増えている。心理学において，日本語の人格と性格という言葉は明確に使い分けられているわけではない（小塩，2010）。

1-2　概念と測定の関係

　私たちが普段目にすることができるのは，自分や他者の行動や行動の結果生じた出来事や行動の痕跡である。それらを目にすることで，私たちは行為者のパーソナリティを推定する。あくまでも私たちが目にすることができるのは行動やその結果なのであって，パーソナリティそのものではない。

　パーソナリティは，一つの概念である。たとえば，「明るいパーソナリティ」は，物理的に明るいことを指すわけではない。笑顔が多く声や身振りが大きく，発言が楽観的で全体的にそのような雰囲気を身にまとっている場合，人々はその人物を「明るい」と評価することだろう。

　これは，人間を対象にした一種の比喩表現である。このような比喩表現を用いることで，私たちは同じような特徴をもつ人々をまとめて表現することができ，その人々の共通する要素を考えることができるようになる。このような，直接目にすることができず理論的に仮定され，何かを説明するために仮定された概念のことを**構成概念**という。

　パーソナリティと行動との関係を模式的に表現したものが図 5-1 である。あ

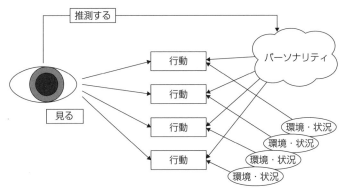

**図 5-1　パーソナリティと環境・状況から目にする行動が生じることを
表す模式図**

（出所）小塩（2010）

る行動は，パーソナリティと環境や状況との兼ね合いで生じる。ある人物や自分自身の複数の行動や行動の結果を見ることで，私たちはその背後にあるパーソナリティを推測しようとする。しかしこの推測は，必ず成功するわけではない。状況に大きく依存する行動を観察しても，私たちはそれをパーソナリティの問題だととらえがちだからである。

1-3　パーソナリティの定義

　パーソナリティの定義を考えることは，なかなか難しい問題である。パーソナリティの定義は，パーソナリティ研究者の数だけ存在すると言われることもある（Hall & Lindsey, 1957）。オールポート（Allport, 1961）は，パーソナリティを個人の内に存在しており，その人の特徴的な行動と考えを決定づける，精神身体的体系の動的組織であると述べている。またキャッテル（Cattel, 1965）は，個人が置かれた場面において，その人がとる行動を決定づけるものがパーソナリティであると述べている。これらの定義を見ると，パーソナリティは個人の内側に想定されるものであり，その人独自の行動を決定づけるものと考えられていたことがわかる。

　パーソナリティのより包括的な定義は，表 5-1 に示すとおりである。パーソ

表5-1　パーソナリティの包括的定義

パーヴィン（Pervin, 2003） パーソナリティとは，人の生活に方向性と（一貫した）パターンをもたらす認知，感情，行動の複雑な体制である。身体のように，パーソナリティは構造とプロセスをもち，氏（遺伝）と育ち（環境）の両方を反映する。さらに，パーソナリティは過去の影響や過去の記憶も含むものであり，同時に現在や未来の構造も含むものである。
若林（2009） 〈基本的定義〉パーソナリティとは，時間や状況を通じて個人（個体）の行動に現れる比較的安定したパターンとして外部から観察可能なものであり，他者（他個体）との違いとして認識されるもので，それは発達過程を通じて遺伝的要因と環境との相互作用の結果として現れるとともに，それは神経・内分泌系などの生理・生物学的メカニズムによって媒介されているものである。 〈人間固有の定義〉パーソナリティとは，各個人が認知している自己の行動や情動に現れる比較的安定したパターンについての心的表象であり，その基礎には（自覚されている程度には個人差はあるが）遺伝的要因によって規定された固有の神経・内分泌などの生理・生物学的メカニズムと環境との相互作用がある。これは主観的には主に他者との違いとして認識されるものであるが，常に個人の行動になんらかの形で影響を与え，発達過程を通じて維持されるが，その安定性と変化の割合には個人差がある。
渡邊（2010） （性格とは）人がそれぞれ独自で，かつ時間的・状況的にある程度一貫した行動パターンを示すという現象，およびそこで示されている行動パターンを指し示し，表現するために用いられる概念の総称。

ナリティはある種の行動パターンやその背後に理論的に仮定される一種の構成概念であり，その形成には**遺伝**と**環境**の双方が関与しつつ発達的に変化し，独自の構造を有しており，何らかの心理学的個人差として表現されるという点は共通しているといえるだろう（小塩，2018）。

2　類　型　論

2-1　類型とは

　人々をいくつかのグループに分類し，それぞれのグループの特徴を記述する方法をとることがある。そのような方法を**類型論**という。たとえば，一つの教室にいる生徒たちを，「明るい生徒」「攻撃的な生徒」「穏やかな生徒」にわけるようなやり方である。このような方法は，その分類方法が適切で本質を突くものであれば，とても有効な手法だといえる。

　類型論は，我々が複雑かつ雑多な事象を整理し理解しようとするときに行う作業と同じ方法を，人間に当てはめたものである。たとえば動物を魚類，両生類，爬虫類，鳥類，哺乳類と分類することで，あるカテゴリーに入る動物はある共通の要素をもつことが理解される。そのような分類は，はじめて目にする動物であっても哺乳類のカテゴリーに含まれるという情報があれば，卵ではなく赤ちゃんとして生まれ，母親が母乳を与え，血液の温度は外気温にかかわらず一定に保たれるであろうと，その特徴が推定されるのである。このように類型論は，あるグループに分類することによってその特徴を明確化しようとする試みであるといえる。

2-2　長い歴史

　古代ギリシャの哲学者テオプラストス（Theophrastus）は，著書『人さまざま』の中で具体的な生活の様子を挙げながら特徴的な人物像について記述した（テオプラストス　森訳，2003）。そこでは，「おしゃべり」「けち」「恥知らず」など30種類の人々の様子が描かれている。この記述も，特定のカテゴリの人々の特徴を強調する記述方式になっていることから，類型論の一種であると考えられる。

　古代ギリシャの医師ヒポクラテス（Hippocrates）は人間の病気を四つの体液に結びつける四体液説を提唱し，その説を後世に引き継いだ古代ギリシャ・ローマ時代の医師ガレノス（Galen）は人間の気質をヒポクラテスの四体液に結びつける四気質説を提唱した。それぞれの体液と気質の対応は表5-2の通りである。

　人々をいくつかのグループに分類して理解しようとする試みは，人類の長い歴史の中で古くから行われてきた。四気質説は古代ローマ時代から中世イスラム世界へと伝わり，ルネサンス期にふたたびヨーロッパへと広がること

表5-2　四気質説の内容

体液	気質と内容
血液	多血質：快活・明朗・社交的・楽天的
黄胆汁	胆汁質：せっかち・短気・野心的
黒胆汁	憂うつ質：心配性・不安定・寡黙
粘液	粘液質：落ち着き・公平・冷静・堅実

になった。そして哲学者や文学者，科学者たちがこの説を取り入れ，現代でも多くの文献がこの枠組みにもとづく学問的基礎を形成している。

2-3　様々な類型

四気質説の他にも，これまでにいくつもの類型論が提唱されてきた。

ユング（Jung, 1921/1950）は，**外向型**と**内向型**という二つの類型を中心として，人間の心の状態を記述しようと試みた。また，心の機能として思考，感情，感覚，直観という四つを想定し，これらのどの機能が強く働くかを問題とした。

またクレッチマー（Kretschmer, 1921）は，人間の**体格**に注目して分類を試みた。精神科に入院している患者を観察対象とし，肉づきの少ない細長型の体型が統合失調症患者に多く，脂肪が多い肥満型の体型が躁うつ病患者に多いことを明らかにした。またその後，筋肉がよく発達した闘士型の体型がてんかんに結びつけられた。さらに，それぞれの病理が一般的なパーソナリティ（気質）に結びつけられることで，表5-3のような対応が論じられた。

シェルドンら（Sheldon & Stevens, 1942）も，クレッチマーと同じような体格の主要類型を見出している。**内胚葉型**（丸っこい体型）は内臓緊張型（安楽や職にこだわる），**中胚葉型**（骨や筋肉の発達した体型）は身体緊張型（大胆で活動的），**外胚葉型**（神経系統や感覚器官が発達したやせ型の体型）は頭脳緊張型（控えめで過敏）というように，体型と気質が対応づけられている。

ブロックとブロック（Block & Block, 1980）は，衝動や欲求の抑制と表出の個人差を表す**エゴ・コントロール**と，周囲に応じてエゴ・コントロールを調整する能力である**エゴ・レジリエンス**という機能を想定し，パーソナリティ発達理論を構築した。そしてこの二つの機能を組み合わせることにより，自分自身をうまくコントロールすることができるレジリエンス群，衝動や欲求を過剰に抑制するオーバーコントロール群，そして衝動や欲求をうまくコントロールできないアンダーコントロール群という三つの類型を導いた。

表5-3　クレッチマーの体型と気質

体型	病理	気質の名称と内容
細長型	統合失調症	**分裂気質** ●内気，静か，まじめ ●臆病，恥ずかしがり屋，神経質 ●従順，善良，正直，愚直
肥満型	躁うつ病	**躁うつ気質，循環気質** ●社交的，親切，温厚 ●明朗，活発，ユーモア ●冷静，気が弱い
闘士型	てんかん	**粘着気質** ●執着する，変化が少ない，几帳面，秩序を好む ●融通が利かない

（出所）Kretschmer（1921 斎藤訳 1944）および小塩（2010）より作成

3　特　性　論

3-1　特性とは

　人々を複数のグループに分類するのではなく，人々の中に細かいパーソナリティの要素を見出し，それら一つひとつを量で表現する手法が**特性論**である。たとえばこれは，運動能力を走力，跳躍力，筋力，持久力，柔軟性にわけ，それぞれを複数のテストで測定して量的な得点で表現するようなものである。特性論は，多くのパーソナリティ特性をまとめ，複数の概念グループに分類・整理する方法だと言うこともできる（小塩，2018）。

　特性はパーソナリティを，攻撃力や防御力，生命力のようなゲームキャラクターのパラメータ特性値のように扱う。このような場合，では人間のパーソナリティを表すパラメータにはいくつのものがあるのかという問題が生じる。それが，基本的なパーソナリティ特性の探究という問題である。

3-2　語彙アプローチ

　パーソナリティは，言語で表現される。そして，もしもあるパーソナリティ

を表現する単語が多くの人々に共有されており，一定の年月の間広く用いられるのであれば，その単語は辞書に収録されているであろうと考えることができる。このような仮定にもとづくのが，**心理辞書的研究**であり，このような研究を遂行することを**語彙アプローチ**という。心理辞書的研究では，辞書の中に収録されている単語から，パーソナリティ用語として使用可能なものを抽出するという作業が行われる。このアプローチは，ゴルトン（Galton, 1884）によって発案されたと言われており，彼自身も約1,000単語を辞書から抽出することを試みている。

　オールポートら（Allport & Odbert, 1936）は，約55万語が収録されているウェブスター新国際辞典から，人間の特定の行動を他の行動と区別できるかどうかという観点から単語を抽出した。その結果，17,953語を抽出し，それらの単語を整理していった。分類の内容は，パーソナリティ特性を表現する言葉，一時的な状態や気分を表す言葉，道徳的な振る舞いや評判といった価値判断を表す言葉，そして身体的な特徴やその他の単語である。これらのうち，パーソナリティ特性を表す単語として，4,504語を整理した。

　日本においては，古浦（1952）が約20万語収録された辞書から「明るい」「活発な」など6,575語を選択し，パーソナリティ用語1,796語の分類を試みている。また青木（1971）は，6万6千語収録の辞書から3,862語を選択し，分類を行った。そして，いわゆるパーソナリティ用語に相当する，個人の傾向を表す言葉として分類されたものが455語であったことを報告している。村上（2002）は，約23万語が収録された辞書を用いることでパーソナリティ用語として950語を選択し，最終的に934語のリストを作成している。

3-3　因子分析アプローチ

　因子分析は多変量解析の一種であり，測定された複数の変数の背後に仮定される共通の要因を探るために用いられる。単語の整理とは，ある単語と別の単語の類似度を評価することに相当する。ある単語と別の単語が類似していることはそれらの単語が同じように使われる確率が高いことを指し，類似していな

いことは互いの使用のされ方が無関係に近いことを指し，単語の意味が逆になることはある単語が使われるほど別の単語が使われなくなる傾向にあることを指す。このような関係を端的に数値で表現することができるのが，因子分析である。

　因子分析は，**知能**の研究の中で発展してきた。スピアマン（Spearman, 1904）は，複数の認知処理課題への反応得点間の相関関係に対して因子分析を行うことで，それらの認知処理課題の背景に g 因子と呼ばれる一般的な知能因子を仮定した。またサーストン（Thurstone, L. L.）は 1 因子ではなく複数の因子を知能の背景に仮定するモデルを提唱した。このような研究の流れの中で，サーストン（Thurstone, 1934）は，パーソナリティについても多因子構造を検討するために，60単語を評定した調査のデータセットに対して因子分析を行い，五つの因子を見出した。

　キャッテル（Cattel, 1945）は文献からパーソナリティ特性語を抽出して整理することを試みた。また，因子分析手法を用いることで16の因子を見出している（Cattel, 1956）。のちにキャッテルの因子は 16PF と呼ばれるパーソナリティ検査へと発展した。

　ギルフォード（Guilford, 1975）は，1930年代から因子分析を利用してパーソナリティ構造を検討し，いくつかのパーソナリティ検査を作成した。ギルフォード＝ジマーマン気質調査（Guilford-Zimmerman Temperament Survey）は，10の下位尺度の上位に「社会的活動性」「内向性―外向性」「情緒的安定性」「妄想性気質」という上位因子，さらに「情緒的安定性」と「妄想性気質」の上位に「情緒的健康」という上位因子があることを示している。このギルフォードの一連の研究は，**YG 性格検査**（矢田部ギルフォード性格検査；矢田部・園原・辻岡，1965）にも反映されている。

　因子分析によるパーソナリティのアプローチは，五つの基本特性で人間のパーソナリティ全体を記述する**ビッグ・ファイブ**（Big Five）へと発展していった（第 7 章参照）。

4　類型と特性の特徴

4-1　長所と短所

　類型論の長所は，理解のしやすさという点にある。類型論は少数のグループに人々を分類する傾向にあり，それぞれの分類された人々の特徴は明確に述べられる傾向がある。グループに分けられた人々は，その集団の典型例として扱われることから，全体的なイメージを把握しやすいという長所もある。

　その一方で類型論の短所の一つは，ある類型と別の類型の境目にいる人々を無理に分類しようとする点にある。たとえばクレッチマーのいずれかの体型に，すべての人が当てはまるわけではない。たとえば闘士型と細長型の中間にいる人物は，中間にいる人物同士はとても類似しているにもかかわらず，いずれかの類型に分類される傾向がある。また，グループに分類された人々を見る際には，その典型例にばかり注目する傾向が生じる。それは，集団に対するステレオタイプ的で固定的な見方を助長することにつながる。

　特性論の長所は，パーソナリティを詳細に記述することを可能にする点にある。各特性の得点の範囲や得点幅を自由に設定することができるため，得点の差や変化についても効率的に記述することができる。そして，複数のパーソナリティ特性を並べ，個人の得点プロフィールを作成することもできる。

　特性論の短所は，多数のパラメータを細かく表現することは詳細である一方で，全体像を把握しにくい点にある。また，どのような基準をパーソナリティ特性に設けるのが適切なのかが不明瞭であるという点も問題として挙げることができる。

4-2　類型と特性の関係

　類型論と特性論は，人間の心理学的個人差を異なる観点から要約したものだと言える。類型論は人を分類しまとめることで情報を要約し，特性論は数多くの変数を分類しまとめることで情報を要約する。一人の人間を詳細に記述した

いときには，特性論を用いることでその人物の全体像を一つひとつの得点で記述することができる。その一方で，おおまかにわかりやすく記述したいときには，類型論を用いることでわかりやすくなる。類型論と特性論は，我々が多くの情報をまとめて整理する際の二つのやり方であり，必要に応じて使い分けるのがよいだろう。

> ❖考えてみよう
> ・日常生活の中から，類型論的な考え方と特性論的な考え方の例をそれぞれ挙げてみよう。
> ・日常生活で見られる類型論について，それを成り立たせている「枠組み」は何なのか，また，そのような見方をすることの弊害はないか，考えてみよう。
> ・クレッチマーの体型による類型論は，実際に診察した患者から着想したものであった。たとえばそれが妥当な着想であったとして，それでも一般の人たちのパーソナリティを論じるものとしては無理がある点を論理的に説明してみよう。

📖 もっと深く，広く学びたい人への文献紹介

鈴木　公啓・荒川　歩・太幡　直也・友野　隆成（2018）．パーソナリティ心理学入門——ストーリーとトピックで学ぶ心の個性——　ナカニシヤ出版
　　☞トピックごとにまとめられており，初学者がパーソナリティ心理学を学びやすい工夫がなされている。
渡邊　芳之（2010）．性格とはなんだったのか——心理学と日常概念——　新曜社
　　☞性格（パーソナリティ）とは何であるのか，どのように考えることができるのかを考える上で基礎となる書籍である。

引用文献

Allport, G. W. (1961). *Pattern and growth in personality*. New York: Holt, Rinehart, and Winston.

Allport, G. W., & Odbert, H. S. (1936). Trait-names: A psycholexical study. *Psychological Monographs, 47*, No. 211.

青木　孝悦（1971）．性格表現用語の心理-辞書的研究——455語の選択，分類および望ましさの評定——　心理学研究, *42*, 1-13.

青木　多寿子（2014）．品格教育とは何か——心理学を中心とした理論と実践の紹介——　発達心理学研究, *25*, 432-442.

Block, J. H., & Block, J. (1980). The role of ego-control and ego-resiliency in organization of behavior. In W. A. Collins (Ed.), *Development of cognition, affect and social relations: The Minnesota symposia on child psychology.* Vol. 13. Hillsdale, NJ: Lawrence Erlbaum Associates. pp. 39-101.

Cattell, R. B.（1945）. The principle trait clusters for describing personality. *Psychological Bulletin, 42,* 129-161.

Cattell, R. B.（1956）. Second-order personality factors in the questionnaire realm. *Journal of Consulting Psychology, 20,* 411-418.

Cattel, R. B.（1965）. *The scientific analysis of personality.* London: Penguin Books.

Galton, F.（1884）. Measurement of character. *Fortnightly Review, 36,* 179-185.

Guilford, J. P.（1975）. Factors of factors of personality. *Psychological Bulletin, 82,* 802-814.

Hall, C. S., & Lindsey, G.（1957）. *Theories of personality.* New York: Wiley.

Jung, C. G.（1921/1950）. *Psychologische typen.* Zürich: Rascher.
（ユング，C. G. 吉村 博次（訳編）（2012）. 心理学的類型 中央公論新社）

古浦 一郎（1952）. 特性名辞の研究 古賀先生還暦記念心理学論文集 広島大学心理学教室，197-206.

Kretschmer, E.（1921）. *Körperbau und Charakter: Untersuchungen zum Konstitutionsproblem und zur Lehre von den Temperamenten.* Berlin: Springer.
（クレッチマア，E. 斎藤 良象（訳）（1944）. 体格と性格 肇書房）

村上 宣寛（2002）. 基本的な性格表現用語の収集 性格心理学研究，*11,* 35-49.

小塩 真司（2010）. はじめて学ぶパーソナリティ心理学——個性をめぐる冒険—— ミネルヴァ書房

小塩 真司（2018）. パーソナリティ 野島 一彦・繁桝 数男（監修） 繁桝 数男（編） 公認心理師の基礎と実践（2） 心理学概論（pp. 146-160） 遠見書房

Pervin, L. A.（2003）. *The science of personality*（2nd ed.）. New York: Oxford University Press.

Sheldon, W. H., & Stevens, S. S.（1942）. *The varieties of temperament: A psychology of constitutional differences.* New York: Harper & Brothers.

Spearman, C. E.（1904）. "General intelligence," Objectively determined and measured. *American Journal of Psychology, 15,* 201-293.

テオプラストス 森進一（訳）（2003）. 人さまざま 岩波書店

Thurstone, L. L.（1934）. The vectors of mind. *Psychological Review, 41,* 1-32.

若林 明雄（2009）. パーソナリティとは何か——その概念と理論—— 培風館

渡邊 芳之（2010）. 性格とはなんだったのか——心理学と日常概念—— 新曜社

矢田部 達郎・園原 太郎・辻岡 美延（1965）. YG性格検査（矢田部ギルフォード性格検査）一般用 日本心理テスト研究所

第 ⑥ 章　パーソナリティの測定
──自他の多面的な理解のために

稲　垣　　勉

　現場において，自分がかかわっている相手がどのようなパーソナリティをも
つ人物なのかを理解することは，その後の相手とのかかわり方にも影響を及ぼ
すといえる。たとえば不安になりやすい相手であれば丁寧に話を聴くようにす
るなど，相手のもつパーソナリティによって，対応の方法は変わってくる。ま
た，自分がどのようなパーソナリティをもっているかを知ることは，自分の強
みを知るだけでなく，弱い部分を改善する上でも役立つ。
　自分を含む「人」のパーソナリティの測定には，様々な方法がある。本章で
は，パーソナリティを測定する際に用いられる種々の方法について概観すると
ともに，それぞれの長所・短所についても整理する。

1　パーソナリティ測定の方法

1-1　質問紙法

　質問紙法は，調査対象者や参加者に対し，自らの属性や心理状態，行動傾向
などの回答を求める方法のうち，その測定に質問紙（アンケート）を用いるも
のである（山田，1999）。質問項目を印刷した紙と鉛筆やペンさえあれば実施で
きるため，手軽に検査をすることができる点や，集団における実施も容易であ
ることは長所といえる（小塩，2014）。たとえば，和田（1996）が作成したパー
ソナリティの **Big Five 尺度**では，外向性・神経症傾向・開放性・誠実性・調
和性という五つの特性について12項目ずつ，合計60項目の質問項目を用いて測

表6-1　Big Five 尺度（和田，1996）の各特性と項目例

特　性	項目例
外向性	話し好き，無口な*，陽気な，外向的
神経症傾向	悩みがち，不安になりやすい，心配性，気苦労の多い
開放性	独創的な，多才の，進歩的，洞察力のある
誠実性	いい加減な，ルーズな，怠惰な，成り行きまかせ
調和性	温和な，短気*，怒りっぽい，寛大な

(注)「*」が付してあるものは，得点を計算する際には逆転する
　　（たとえば7と評価していた際には1と変換する）。また，誠
　　実性は得点が高いほど誠実性が低いことを示すため，解釈の
　　際は注意する必要がある。
(出所) 和田（1996）より筆者作成

定する（第7章も参照）。各特性を測定するための項目は表6-1に示す通りである。

　回答にあたっては，「まったくあてはまらない（1）」～「どちらともいえない（4）」～「非常にあてはまる（7）」という7段階を呈示し，60項目の一つずつについて，自分がもっともよくあてはまると判断する数字に○をつける形式をとる。60項目という数は多いと感じる読者もいるかもしれないが，特定の心理学的な概念を測定するには，それに関連した複数の項目を用いることが一般的である。上述のBig Five 尺度においても，各下位尺度について12項目ずつ測定し，その得点を合計することで，五つの特性をとらえる。もちろん，できるだけ少ない項目数で尺度を構成できれば，調査対象者の負担を抑えることができるという点で大きなメリットがある。こうした流れをうけて，近年はBig Five 尺度短縮版の作成が試みられており，たとえば並川他（2012）は29項目からなる短縮版を作成している。

　このように，質問紙法は形容詞や質問項目に対し，どの程度当てはまるか，または同意するかを問うものであるため，回答者が質問の意図を推測しやすく，社会的に望ましい方向に回答が歪みやすい。谷（2008）は，この社会的望ましさ反応傾向を測定するためのバランス型社会的望ましさ反応尺度日本語版を作成している。当該の尺度には「自己欺瞞（self-deception）」と「印象操作（impression management）」という二つの下位尺度が含まれており，自己欺瞞は

「回答者が本当に自分の自己像と信じて無意識的に社会的に望ましく回答する反応」であり，印象操作は「故意に回答を良い方向にゆがめて，真の自己像を偽る反応を意味する」（谷，2008，p. 19）ものである。谷（2008）は，自己欺瞞は**自尊感情**や自己充実的達成動機（他者や社会の評価にはとらわれず，自分なりの達成基準への到達を目指す達成動機）と正の相関を示す一方，印象操作は競争的達成動機（他者や社会の評価を得ることを目的とした達成動機）とは負の相関を示すことを報告している。このように，種々の質問紙尺度には社会的望ましさによる反応の歪みが生じうるという短所はあるものの，短時間で多くの回答を得られるメリットは大きく，質問紙法は継続して使用されている。

1-2　作業検査法

作業検査法は，一定の制限時間内に定められた作業を繰り返し行い，その作業量や作業の質，作業量の変化に注目して，回答者のパーソナリティを推定する（小塩，2014）。たとえば**内田クレペリン精神検査**は，3，4，5，6，7，8，9の組み合わせからなる1桁の足し算を，5分の休憩をはさんで前半15分・後半15分の計30分間行い，1分ごとの作業量の継時的な変化のパターンから性格や適性を診断する。日本・精神技術研究所によると，作業量（全体の計算量）は回答者の処理能力の程度の指標となり，1分ごとの作業量の変化や誤答数は性格・行動面の特徴の指標になるとされる。また，ものごとへの取りかかり，滑り出しの良し悪しである「発動性」，ものごとを進めるにあたっての気分や行動の変化の大小である「可変性」，ものごとを進めていく上での強さや勢いの強弱である「亢進性」という側面から，性格・行動面の特徴が把握される。作業検査法は単純な課題を繰り返し実施するという性質上，その意図が推測されにくいという長所をもつ。その一方，検査の結果得られた作業量などの解釈を行うには一定の訓練が必要である点や，単純作業であるがゆえに回答者が疲弊しやすかったり，検査に対する意欲がパフォーマンスに影響を与えたりする点は短所といえる。

1-3　投影法

　投影法は，あいまいな絵や図形に対する解釈の仕方や，未完成の文章などに対する回答から，個人のパーソナリティを測定しようとするものである。回答者が刺激に対して自由に回答するオープンエンド型のパーソナリティ検査といえる（小塩，2014）。

　著名な投影法検査の一つである**ロールシャッハテスト**は，インクのしみのような図版を10枚，回答者に呈示し，「何に見えるか」という回答（反応段階）と，「どこに見えたのか，どうしてそのように見えたのか」という回答（質問段階）の2種類をもとに，回答者のパーソナリティを解釈する。その他には，図版の中に示されている2名の登場人物のやりとりを見て，登場人物の一人の発言を示す吹き出しに入ると思われるセリフを考えてもらい，そのセリフの内容から回答者の欲求不満への反応を測定する **P-F スタディ**（Rosenzweig Picture-Frustration Study）や，「私はよく＿＿＿＿＿」などの文章の続きを考えてもらい，その内容から知能やパーソナリティを推測する**文章完成法**（Sentence Completion Test：SCT）」などがある。作業検査法と同様に，何を測定されているかを回答者が気づきにくいという長所があるほか，本人にも意識されにくいパーソナリティの側面を測定できると考えられている。その一方で，検査の実施および結果の解釈には一定の訓練が必要となる点や，検査者によって解釈が異なる可能性があるという**信頼性**の問題（友野，2018）が短所として挙げられる。

1-4　その他の方法

　パーソナリティの測定にあたっては，これまで挙げてきた質問紙法，作業検査法，投影法の他にも，**観察法**や**面接法**などが挙げられる。

　観察法は，様々な状況（自然な状況や実験場面など）において対象者の行動を観察し，それを記録・分析することで，対象者のパーソナリティや行動の傾向を理解しようとする方法である。**実験法**にもとづく実験場面において観察される行動は，そうした特殊な状況であるがゆえに生じた可能性があり，日常場面

でも同様に観察されるか不明確であるが，現実の場面を観察してデータを取得した場合，このような解釈の制限はなくなる。また，乳幼児のように言語報告が不可能もしくは困難である場合，心理尺度への回答は不可能であるが，観察法は対象者の行動を直接観察するものであるため，言語面の問題はなくなる。ただし，これまで紹介してきた三つの方法と比して，データ収集に時間がかかるという点や，観察者の主観的な視点が入りやすいといった点は短所といえる。

　面接法は，ある研究目的のために対象者に面接を行い，コミュニケーションを通してパーソナリティを測定する方法であり，構造化面接，半構造化面接，非構造化面接の3種類がある。構造化面接は対象者への質問項目や，質問の順序が事前に決められている。半構造化面接は，ある程度は質問項目などを決めておくが，対象者とのやりとりの中で，質問の内容や順序を調整しつつ進める。そして非構造化面接は，質問の大枠のみ決めておき，面接の流れに合わせて質問をしていく。面接法の長所は，対象者のパーソナリティを詳しく査定できる点である。質問紙法では，対象者が「話し好き」という項目に7点を付した場合，その判断の理由や具体例，どのような場面でも話し好きなのかといった点は明らかにならないが，面接法では，そのような追加の質問を行うことができ，より深く個人のパーソナリティを理解しうる。ただし，観察法と同様，時間がかかるほか，面接者と対象者の信頼関係の構築が不十分である場合，深い回答を引き出すことは難しい点，面接者の主観が入りやすい点などは短所といえる。

2　測定の視点

2-1　主観的・客観的測定

　パーソナリティの測定法は，自己報告にもとづく**主観的測定**と，ある課題へのパフォーマンスを指標にしたり，調査者（実験者）による行動評定を用いたり，対象者の友人などに依頼し，対象者について評定してもらうなどの**客観的測定**とに分けることができる。1節で述べた方法のうち，対象者自身が回答する質問紙法は主観的測定に，それ以外の手法は客観的測定に分類できる。

　客観的測定は，自己報告ではとらえきれない可能性のある指標の測定に適している。たとえば，自他の感情や情動を監視し，思考や情報を導くためにそれらを利用する能力である**情動知能**（Emotional Intelligence：以下 EI；Salovey & Mayer, 1990）という概念がある。本邦における研究例（野崎，2012）では，EI を測定する視点として「他者の情動の評価と認識（例：友達の行動を見れば，その友達が今どんな気持ちなのかがいつも分かる）」，「他者の情動の調整（例：人をやる気にさせることが得意だ）」，「自己の情動の調整（例：私は自分自身の気持ちをコントロールすることが上手だ）」，「自己の情動の評価と認識（例：私は，自分の気分が良い時や，嫌だなと思う時がいつも分かっている）」という四つの側面が報告されている。これらは EI の高さの指標になるが，それを自己報告でとらえる場合には，「自身が認知している」EI の高さのみ測定している点は留意が必要である（野崎，2015）。主観的測定にはこうした特徴がある。

　それに対して，情動の処理に関する課題の成績によって，EI の水準を測定するパフォーマンス法（豊田，2014）は客観的測定の例である。測定に時間を要するほか，実施が容易でないという短所はあるが，そこで測定されているものは個人の能力に近いものといえる（レビューとして，野崎，2015）。作業検査法で触れた「発動性」，「可変性」，「亢進性」などの側面も，対象者自身の自己評定より，パフォーマンスにもとづく客観的な指標，すなわち内田クレペリン精神検査のような作業検査法による測定の方が適切にとらえられると思われる。

　また，自己報告による場合は社会的望ましさによって回答が影響を受ける可能性があり，しばしば**他者評定**との不一致が生じる。自己評定・他者評定の両者を用いて敵意性を測定した井澤・児玉・野村（2005）は，自己報告による敵意性の下位尺度の一部は社会的望ましさと有意な相関があった一方，他者評定によって測定した敵意性と社会的望ましさとの相関は有意ではなかった。欧米では敵意性は冠動脈性疾患の有力な危険因子の一つと考えられており，自己評定の敵意性よりも他者（配偶者）評定の敵意性の方が，冠動脈性疾患と関連するという報告がある（Kneip et al., 1993）。測定する内容によっては，自己報告などの主観的な測定より，他者評定などの客観的な測定の方が，関連が予想さ

れる指標への予測力が高いこともあるだろう。

2-2　顕在的・潜在的測定

　近年は，意識的な自己報告によらない方法を用いてパーソナリティを測ろう
とする試みもある。本項では，回答者自身の意識的な内省を必要としない，ま
たは内省が困難な**潜在的測度**（implicit measure）について取り上げ，意識的な
内省を伴う自己報告形式の**顕在的測度**（explicit measure）と比較する。

　潜在的測度として近年注目を集めているものに，Implicit Association Test
（以下 IAT；Greenwald, McGhee, & Schwartz, 1998）がある。IAT は，コンピュ
ータの画面上に連続して現れる単語の分類課題を通して，特定の概念間の結び
つきの強さ（連合強度）を測定するテストであり，指標となるのは反応時間で
ある。ここでは相川・藤井（2011）のシャイネス IAT を例に挙げる。IAT を
用いて潜在的シャイネスを測定する際は，カテゴリー次元（自己―他者）と属
性次元（シャイな―社交的な）に関連する刺激語（自分，友だち，内気な，大胆な，
など）について，対応するキーを押すことでグループ分けを行う。具体的には，
画面左側に表示されているカテゴリーや属性次元に関する刺激語が呈示された
場合は「Ｆ」キー，画面右側に表示されているカテゴリーや属性次元に関する
刺激語が呈示された場合は「Ｊ」キーを押すことで刺激語を分類する（キーは
「Ｅ」と「Ｉ」などを割り当てても構わない）。刺激語を分類する際の判断につい
ては，事前に練習試行を行い，それぞれの刺激語がどのカテゴリーや属性に分
類される語であるかを確認した上で本試行（後述の組み合わせ課題）を実施す
る。たとえば，図 6-1 の左側に示されているカテゴリーと属性の組み合わせ課
題を行う場合，「自分」「内気な」などの刺激語は左へ，「友だち」「大胆な」な
どの刺激語は右へ，それぞれ F，J キーを押下することで分類する。全体を通
して10分程度の課題の中で，カテゴリー次元と属性次元を組み合わせた試行を
２種類行い，反応時間が早い組み合わせ課題の方が，対になっているカテゴリ
ーとの属性の連合が強いと考える。

　IAT を用いて潜在的シャイネスを測定した試みとして，たとえばアゼンド

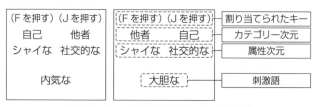

図 6-1　シャイネス IAT 実施時の画面例
(注)「自己」と「シャイな」(「他者」と「社交的な」) が縦に並んだ組
み合わせ課題と,「他者」と「シャイな」(「自己」と「社交的な」)
が縦に並んだ組み合わせ課題の両者を行い, 平均反応時間が速い
組み合わせの連合が強いと判断される。この例では, 左側の組み
合わせ課題の方により素早く反応 (たとえば「内気な」という単
語を「F」のキーを押すことで「自己・シャイな」の次元に分類)
できた場合,「自己」と「シャイな」の連合が「他者」と「シャイ
な」の連合よりも強く, 潜在的シャイネスが高いと判断される。

　ルフら (Asendorpf, Banse, & Mücke, 2002) の実験では, まず参加者に対し, 実
験協力者 (参加者とは異性のサクラ) との相互作用場面を設け, その様子を録画
した。その後, IAT と自己報告式の尺度を用いて潜在的シャイネスと顕在的
シャイネスをそれぞれ測定した。実験終了後, 録画した映像をもとに, 相互作
用場面において参加者が起こしたシャイ行動 (姿勢の緊張の度合い, 発話時間な
ど) を他者評定によりコーディングし, 顕在的シャイネスと潜在的シャイネス
との関連を検討した。その結果, IAT の得点から推定されたシャイネスの潜
在的自己概念は, 相互作用場面で自然に生じる非統制的行動 (姿勢の緊張, 自
分自身の身体への接触) を予測していたのに対し, 自己報告の得点から推定さ
れたシャイネスの顕在的自己概念は, 統制的行動 (話す時間の長さ) を予測し
ていた。また, 顕在的自己概念から非統制的行動への影響, 潜在的自己概念か
ら統制的行動への影響を仮定すると, モデルの適合度が低下した (データを適
切に説明できていないと判断された) ため, 潜在的なシャイネスと顕在的なシャ
イネスは, それぞれ質の異なるシャイ行動を予測するというシャイネスの**二重
分離モデル**が提唱された。本邦でも, このモデルを支持する結果が得られてい
る (相川・藤井, 2011；藤井・相川, 2013)。

　こうした二重分離モデルは, シャイネスに限らず不安 (Egloff & Schmukle,

☕コラム　顕在的・潜在的自尊感情の不一致と精神的健康ﾞﾞﾞﾞﾞﾞﾞﾞﾞﾞﾞﾞﾞﾞﾞﾞﾞﾞﾞﾞ

自尊感情（self-esteem）は，自己に対する肯定的もしくは否定的な態度である（Rosenberg, 1965）。これまでに蓄積された多くの研究から，自尊感情の高さと精神的および身体的健康，ひいては社会的成功などを結びつける考え方，いわゆる「自尊感情神話」が共有されてきた。

しかし近年は，そうした「自尊感情神話」にも疑問が投げかけられている（伊藤，2002）。たとえば，自尊感情が高い者の中にも，内集団に対してひいきを行う者がいたり，自身が批判されると急に攻撃的になったりする者がいるという報告がある（レビューとして Baumeister, Smart, & Boden, 1996）。自尊感情が高いことは，必ずしも精神的に健康であることと同義ではないようである。

なぜ，このようなことが起こるのだろうか。ジョーダンら（Jordan, Spencer, Zanna, Hoshino-Browne, & Correll, 2003）は，自己報告で測定する顕在的自尊感情だけでなく，潜在的測定法を用いて測定する潜在的自尊感情の影響も取り上げ，この問題に一つの示唆を与えている。この研究では，顕在的自尊感情が高い者の中でも，潜在的自尊感情が低い者（彼らはこうしたタイプを defensive high self-esteem：防衛的な高自尊感情と呼んだ）は，内集団ひいきを強く行う，自己愛が高いといったことを示した。同様の現象は本邦でも内集団ひいき（藤井，2014；原島・小口，2007）において確認されている（ただし藤井・澤海・相川（2014）や川崎・小玉（2010）のように，自己愛についてはこの結果を支持しないものも多い）。その他，こうした防衛的な高自尊感情を持つ者は，顕在的・潜在的自尊感情の両者が高い安定的な高自尊感情を持つ者より抑うつ・不安などのネガティブな感情が高いことも示されている（藤井，2014）。

ところで，顕在的・潜在的自尊感情の不一致には，上述とは別のパターンも想定できる。すなわち，顕在的自尊感情が低く，潜在的自尊感情が高いパターンである。小塩・西野・速水（2009）は，顕在的自尊感情が低く潜在的自尊感情が高い者は，他者軽視傾向（速水・木野・高木，2004）が高いことを見出しており，こうした傾向は稲垣・澤田（2018）においても再現されている。

また，こうした自尊感情の「高・低」という観点は，あくまで他の参加者と比しての高・低という点に着目したものである。すなわち，個人の中で顕在的・潜在的自尊感情の一方が高い（優位である）場合についての検討はできていない。こうした議論をうけて，クリーマースら（Creemers, Scholte, Engels, Prinstein, & Wiers, 2012）は，「個人の中で顕在的・潜在的自尊感情のいずれが優位か」と「両者の不一致の大きさ」という二つの視点から検討した。その結果，顕在的自尊感情に比して潜在的自尊感情が高く，かつ両者の不一致が大きいほど孤独感や抑うつ傾向，自殺念慮が高く，精神的に不健康な状態にあることが示された。

このように考えると，教育現場において顕在的自尊感情を高めようとするこれまでの介入は，場合によっては顕在的・潜在的自尊感情の乖離を招き，より望ましくない状態にな

る可能性もあるといえる。両者が同程度に，かつ適度に高いことが望ましいのかもしれない（稲垣・澤田，2018）。

2002；藤井，2013）やビッグ・ファイブ（Back, Schmukle, & Egloff, 2009）などでもおおむね支持される結果が得られており，質問紙などの顕在的測度で測定されるパーソナリティと，IATなどの潜在的測度で測定されるパーソナリティは，それぞれ質の異なる行動を予測するという知見が蓄積されてきている。こうした反応時間を指標とする潜在的測度はIATの他にも複数存在する。ただし，潜在的測度がなぜ非統制的な行動を予測するのかについてはさほど明確になっておらず，そのメカニズムについては今後精査が必要であろう。

3　パーソナリティの測定に際しての留意点

　以上，パーソナリティの測定法を紹介するとともに，その特徴について述べてきたが，重要なことは，第一に「相手のパーソナリティを測定する際，どういった方法で測ることが適切か」という点の吟味であろう。測定したい対象が学級や組織の集団に所属している人たちのように複数人であり，全体の傾向をつかみたいのであれば質問紙法のような定量的な方法により，大まかな把握は可能である。逆に，こうした目的に面接法や観察法はコストの面などから適さない。しかし，測定したい対象が個人であり，そのパーソナリティを深く把握し，それに応じた支援などを提案する場合には，質問紙法では不十分かもしれない。その際は投影法や面接法（もしくは両者の併用）が適していると考えられる。また，就業支援にあたり適性を測定したい場合には，作業検査法が適切かもしれない。このように，目的に合わせて測定法を使い分けることが重要であろう。

　そして第二に，一つの測定法のみに頼らないことが大事であるといえる。顕在的・潜在的測定の項で述べたように，顕在的測度（質問紙など）と潜在的測度（IATなど）で測定したパーソナリティは，それぞれ関連する行動の質が異

なるという知見がある。これは，どちらか一方が「本当の」パーソナリティを測定しているわけではなく，どちらも対象者のパーソナリティをある程度反映していると考えられる。すなわち，両者を組み合わせて使うことで，対象者の理解がより深まるといえるだろう。このように，目的に合わせて測定法を選択するとともに，複数の測定法を組み合わせ，より多面的に対象者のパーソナリティを理解することが重要であるといえる。

> **❖考えてみよう**
> ・小中学校では，しばしば学校適応検査やいじめ調査などが行われている。それを実施するとき，解釈するとき，それを教育や生徒理解に活かそうとするとき，それぞれの場面でどのようなことに注意する必要があるだろうか。
> ・自己評定によってとらえられるのはパーソナリティのどのような側面だろうか。またとらえられないところはどのようなものだろうか。そしてそれらはどのような方法でとらえることができるだろうか。

もっと深く，広く学びたい人への文献紹介

鈴木　公啓・荒川　歩・太幡　直也・友野　隆成 (2018)．パーソナリティ心理学入門　ナカニシヤ出版
　　☞パーソナリティ心理学の入門書であるが，パーソナリティが現実の場面でどのように利用されるのかを示すため，四人の登場人物の会話によるストーリーが使用されている。巻末に，実際に自分のパーソナリティを測定するためのワークが複数盛り込まれており，より「測定」を身近に感じられる一冊である。

Mischel, W., Shoda, Y., & Ayduk, O. (2007). *Introduction to personality: Toward an integrative science of the person* (8th ed.). New York: Wiley.
（ミシェル，W.・ショウダ，Y.・アイダック，O.　黒沢　香・原島　雅之（監訳）(2010)．パーソナリティ心理学——全体としての人間の理解——　培風館）
　　☞パーソナリティの研究法に関する複数の理論的アプローチについて，特性・性質レベルから社会的認知レベルまでの六つのレベルから俯瞰し，最後に「全体としての人間」について領域横断的に統合することを目指した書籍。683ページと非常にボリュームがあるが，手元に置いておきたい一冊である。

引用文献

相川 充・藤井 勉 (2011). 潜在連合テスト (IAT) を用いた潜在的シャイネス
測定の試み　心理学研究, *82*, 41-48.

Asendorpf, J. B., Banse, R., & Mücke, D. (2002). Double dissociation between
implicit and explicit personality self-concept: The case of shy behavior.
Journal of Personality and Social Psychology, *84*, 380-393.

Back, M. D., Schmukle, S. C., & Egloff, B. (2009). Predicting actual behavior from
the explicit and implicit self-concept of personality. *Journal of Personality
and Social Psychology*, *97*, 533-548.

Baumeister, R. F., Smart, L., & Boden, J. M. (1996). Relation of threatened ego-
tism to violence and aggression: The dark side of high self-esteem.
Psychological Review, *103*, 5-33.

Creemers, D. H., Scholte, R. H., Engels, R. C., Prinstein, M. J., & Wiers, R. W.
(2012). Implicit and explicit self-esteem as concurrent predictors of suicidal
ideation, depressive symptoms, and loneliness. *Journal of Behavior Therapy
and Experimental Psychiatry*, *43*, 638-646.

Egloff, B., & Schmukle, S. C. (2002). Predictive validity of an Implicit Association
Test for assessing anxiety. *Journal of Personality and Social Psychology*, *83*,
1441-1455.

藤井 勉 (2013). 対人不安IATの作成および妥当性・信頼性の検討　パーソナ
リティ研究, *22*, 23-36.

藤井 勉 (2014). 顕在的・潜在的自尊感情の不一致と抑うつ・不安および内集団
ひいきの関連　心理学研究, *85*, 93-99.

藤井 勉・相川 充 (2013). シャイネスの二重分離モデルの検証―― IATを用
いて――　心理学研究, *84*, 529-535.

藤井 勉・澤海 崇文・相川 充 (2014). 顕在的・潜在的自尊心の不一致と自己愛
――自己愛の3下位尺度との関連から――　感情心理学研究, *21*, 162-168.

Greenwald, A. G., McGhee, D. E., & Schwarz, J. L. K. (1998). Measuring individual
differences in implicit cognition: The implicit association test. *Journal of
Personality and Social Psychology*, *74*, 1464-1480.

原島 雅之・小口 孝司 (2007). 顕在的自尊心と潜在的自尊心が内集団ひいきに
及ぼす効果　実験社会心理学研究, *47*, 69-77.

速水 敏彦・木野 和代・高木 邦子 (2004). 仮想的有能感の構成概念妥当性の検
討　名古屋大学大学院教育発達科学研究科紀要 (心理発達科学), *51*, 1-7.

稲垣 勉・澤田 匡人 (2018). 顕在的・潜在的自尊感情の不一致と他者軽視の関
連――不一致の「大きさ」と「方向」も含めて――　鹿児島大学教育学部教
育実践研究紀要, *27*, 221-229.

伊藤　忠弘（2002）．自尊感情と自己評価　船津衛・安藤清志（編）　自我・自己の社会心理学（pp. 96-111）　北樹出版

井澤　修平・児玉　昌久・野村　忍（2005）．敵意性の自己・他者評定における予備的検討　心理学研究, *75*, 530-535.

Jordan, C. H., Spencer, S. J., Zanna, M. P., Hoshino-Browne, E., & Correll, J. (2003). Secure and defensive high self-esteem. *Journal of Personality and Social Psychology, 85,* 969-978.

川崎　直樹・小玉　正博（2010）．潜在的自尊心と自己愛傾向との関連——Implicit Association Test 及び Name Letter Task を用いたマスク・モデルの検討——　パーソナリティ研究, *19*, 59-61.

Kneip, R. C., Delamater, A. M., Ismond, T., Milford, C., Salvia, L., & Schwartz, D. (1993). Self and spouse ratings of anger and hostility as predictors of coronary heart disease. *Health Psychology, 12,* 301-307.

並川　努・谷　伊織・脇田　貴文・熊谷　龍一・中根　愛・野口　裕之（2012）．Big Five 尺度短縮版の開発と信頼性と妥当性の検討　心理学研究, *83*, 91-99.

野崎　優樹（2012）．自己領域と他者領域の区分に基づいたレジリエンス及びストレス経験からの成長が情動知能の発達に及ぼす効果　パーソナリティ研究, *20*, 179-192.

野崎　優樹（2015）．情動知能と情動コンピテンスの概念上の差異に関する考察　京都大学大学院教育学研究科紀要, *61*, 271-283.

小塩　真司（2014）．パーソナリティ心理学　サイエンス社

小塩　真司・西野　拓朗・速水　敏彦（2009）．潜在的・顕在的自尊感情と仮想的有能感の関連　パーソナリティ研究, *17*, 250-260.

Rosenberg, M. (1965). *Society and the adolescent self-image.* Princeton, NJ: Princeton University Press.

Salovey, P., & Mayer, J. D. (1990). Emotional intelligence. *Imagination, Cognition and Personality, 9,* 185-211.

谷　伊織（2008）．バランス型社会的望ましさ反応尺度日本語版（BIDR-J）の作成と信頼性・妥当性の検討　パーソナリティ研究, *17*, 18-28.

友野　隆成（2018）．投影法　鈴木　公啓・荒川　歩・太幡　直也・友野　隆成　パーソナリティ心理学入門（pp. 106-107）　ナカニシヤ出版

豊田　弘司（2014）．感情的知性（EI）の測定法　下山　晴彦（編）　心理学辞典（新版）（p. 322）　誠信書房

和田　さゆり（1996）．性格特性用語を用いた Big Five 尺度の作成　心理学研究, *67*, 61-67.

山田　一成（1999）．質問紙法　中島義明他（編）　心理学辞典（pp. 352-353）　有斐閣

第7章 代表的なパーソナリティ理論
──パーソナリティはいくつの次元で表現されるのか

小 塩 真 司

> パーソナリティのとらえ方には，様々なものがある。これまでに多くの研究
> 者が，それぞれ独自のパーソナリティ理論を打ち立て，人々のパーソナリティ
> を記述し，理解し，研究が進められてきた。パーソナリティ心理学には，いく
> つかの代表的な理論がある。とくに，人間の根源的なパーソナリティ特性がい
> くつあるのかという問題については，因子分析における統計手法や因子数の決
> 定方法に複数のやり方があるということも背景にあることから，様々な結果が
> 報告されている。しかしながらこれは，人間全体をどのような観点から見るか
> という視点の問題でもある。

---

1 因子モデル

1-1 因子の探求

オールポートら（Allport & Odbert, 1936）による**心理辞書的研究**を皮切りに，
類似した単語をどのようにまとめていくかという研究が始まった（第5章参照）。
そして多くの研究者たちがこの問題に取り組み，統計的な検討や理論的な集約
などを経て，おおよそのコンセンサスが得られるようになっていった。

なおこのような研究には，計算機に代表されるハードウェアと，統計手法に
代表されるソフトウェアの発展が欠かせなかった。数多くの単語を使用して自
分自身や第三者のパーソナリティや印象を尋ね，それをデータ化し，**因子分析**
など多変量解析による統計的手法によって集約していく作業には，コンピュー

タの発展が不可欠だったからである。このことは，本章で述べる多くの研究成果が統計的なデータ処理を根拠として導き出されていることを意味する。

1-2　5因子モデル

心理辞書的研究で見出された単語をまとめていく中で，おおよそ五つの因子が見出されるようになっていった。そしてトゥーペスとクリスタル（Tupes & Christal, 1961）は，複数のデータを分析することで，そこに共通する五つの因子を見出した。その五つは，高潮性，協調性，信頼性，情緒安定性，文化と名づけられた。その後，ノーマン（Norman, 1963, 1967），ディグマンら（Digman & Takemoto-Chock, 1981），ゴールドバーグ（Goldberg, 1982）も，因子名は異なるものの，ほぼ同様の五つの因子を見出していった。また，コスタとマクレー（Costa & McCrae, 1992）は，五つの因子を測定する Revised NEO Personality Inventory（NEO-PI-R）を開発し，この領域の研究は活性化された。

この五つの因子モデルは，**ビッグ・ファイブ**（Big Five）や**5因子モデル**（Five Factor Model）と呼ばれる。五つの因子は，次の通りである。

外向性（Extraversion）……積極性，活動性，刺激を求める傾向，他者と一緒にいることを好む。逆方向が内向性であり，無口で引っ込み思案，一人でいることを好む傾向を示す。

神経症傾向（Neuroticism）……抑うつ，不安，心配，傷つき，怒りといった感情の不安定さを表す。このような特徴から，**情緒不安定性**と言われることもある。逆方向は情緒安定性であり，落ち着いており穏やかでリラックスする傾向があり，ストレスにうまく対処できることを表す。

開放性（Openness）……知的好奇心が高く，学問・芸術・哲学など幅広い関心を示し，未経験のことを試そうとし，自分自身の内的経験を言語化する傾向もある。開放性の低さは，伝統や秩序を重んじる傾向に関連する。

協調性（Agreeableness）……**調和性**ともいう。優しく寛大で思いやりがあり，他の人の気持ちを察知したり信用したりしやすい。協調性の低さは，他者を攻撃したり批判したり，温かみの欠ける接し方をする傾向を意味する。

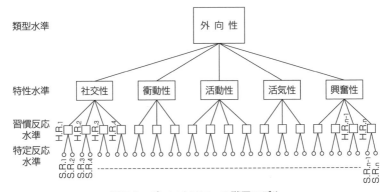

図7-1　パーソナリティの階層モデル
（出所）Eysenck（1967 梅津・祐宗他訳 1973）

勤勉性（Conscientiousness）……**誠実性**ともいう。計画を立てて物事に臨み，集中して作業に取り組み，効率的で誤りが少なく，頼りがいがある傾向を意味する。勤勉性の低さは，だらしなさや衝動性に関連する。

1-3　3因子モデル

アイゼンク（Eysenck, 1967）は，生物学的な要因を基盤としてそこから学習や経験によって形成されるパーソナリティを想定した。そのモデルは，図 7-1 に示されるものである。いちばん低位の水準は環境に対して生態が個別に反応する水準である。そして反応を繰り返すことで習慣反応水準へと行動がまとまっていき，習慣反応水準がまとまることで特性水準となり，この水準がいわゆるパーソナリティ特性として測定されるレベルになる。アイゼンクは，さらに特性水準がまとまることで類型水準となることを想定している。習慣のまとまりを特性，特性のまとまりを類型と考えているということである。これらのうち特性水準はビッグ・ファイブの下位に位置する特性，類型の水準は現在でいえばビッグ・ファイブのようなより大まかなパーソナリティ特性の枠組みとして解釈することが可能であろう。

このような枠組みにもとづき，アイゼンクは**外向性**（Extraversion），**神経症傾向**（Neuroticism），そして**精神病質傾向**（Psychoticism）という三つのパーソ

ナリティ特性を根源的な特性として考えた。外向性は，個人の基本的な志向性がどの程度自分の外側を向いているかを表す。神経症傾向は，情動性を司るパーソナリティ次元であり，不安や不健康さを表す。精神病傾向は，衝動の自己統制の程度や敵対心の強さを表す。

1-4　6因子モデル

　語彙アプローチによって，ビッグ・ファイブとは異なる因子数を導き出そうとする試みも行われている。カナダの心理学者アシュトンとリー（Ashton & Lee, 2001；Ashton et al., 2004）は，心理辞書的研究を再度行い，単語を整理していく中で5因子ではなく六つの因子を導いた。この6因子を **HEXACO**（ヘキサコ）**モデル**という。この六つの因子は以下の通りである。

　H（Honesty-Humility）：正直さ-謙虚さ……新たな因子
　E（Emotionality）：情動性……ビッグ・ファイブの神経症傾向に相当
　X（eXtraversion）：外向性……ビッグ・ファイブの外向性に相当
　A（Agreeableness）：協調性……ビッグ・ファイブの協調性に相当
　C（Conscientiousness）：勤勉性……ビッグ・ファイブの勤勉性に相当
　O（Openness to Experience）：開放性……ビッグ・ファイブの開放性に相当

　このように，HEXACOモデルは，ビッグ・ファイブの5因子に**H因子**を追加するような形になっている。ただし，H因子を抽出したことで，協調性の因子の内容が両モデルで多少異なることが指摘されている。

　HEXACOモデルが注目された背景には，**ナルシシズム**（**自己愛**），**マキャベリアニズム**，**サイコパシー**という，社会的に問題を生じさせやすいパーソナリティ特性のセットであるダーク・トライアド（コラム参照）の研究が増加してきたことがある。HEXACOモデルのH因子は，これらのパーソナリティ特性いずれにもマイナスの関連を示すことがわかっており，これらのような問題を生じさせやすいパーソナリティの共通要素として注目されている。

☕コラム　ダーク・パーソナリティ ﾚ-ﾚ-ﾚ-ﾚ-ﾚ-ﾚ-ﾚ-ﾚ-ﾚ-ﾚ-ﾚ-ﾚ-ﾚ-ﾚ-ﾚ-ﾚ-ﾚ-ﾚ-ﾚ

　マキャベリアニズム（他の人を自分の思い通りに操作する傾向），サイコパシー（冷淡
で共感性が欠如する傾向），ナルシシズム（自己愛；自分自身に対する誇大な感覚）の三
つの特性には共通点があると言われる。ポールハス（Paulhus, D. L.）は，この共通点に
注目し，三つの特性をまとめてダーク・トライアドと呼んだ（Paulhus & Williams,
2002)。

　ダーク・トライアドにおける3特性の共通点としては，ビッグ・ファイブにおける協調
性の低さや，HEXACO モデルにおける正直さ-謙虚さ（H 因子）の低さを挙げることが
できる。三つの特性はともに，他者に対する配慮に欠け，攻撃的で，他者を自分のために
利用しようとする傾向を認めることができる。

　また，これらのような，社会的な問題につながりやすいパーソナリティ特性がなぜ人々
の間によく見られるのか，という観点からも数多くの研究が進められている。たとえば，
生物学や進化的適応を論じる際に，生活史理論という枠組みが注目されている。人間にお
いては，人生の中でどの部分に資源を投入するかを生活史戦略と呼ぶ。短期的な生活史戦
略は，生涯パートナー数の多さや子どもの数の多さ，教育への投資の少なさなどを特徴と
する。その一方で長期的な生活史戦略は，生涯パートナー数や子どもの数が少なく，子ど
もに対して大きな投資をする傾向が見られる。そして，ダーク・トライアドは短期的戦略
に関連することが指摘されており，実際に異性のパートナーが多かったり，交際期間の短
さと関連したりすることなどが報告されている。

ﾚ-ﾚ

1-5　上位因子モデル

　ビッグ・ファイブも HEXACO モデルも，多数の単語や文章を類似度にもと
づいてまとめ，それをどこかの段階で集約したものだと考えることが可能であ
る。このように考えると，アイゼンクのモデルのようにパーソナリティは階層
構造をなしており，より詳細で概念の範囲が狭く細かい特性から，より広範囲
の概念を有する大きな特性までを想定することが可能になる。

　これまでの研究では，ビッグ・ファイブには上位の因子が存在しており，五
つの因子が二つの因子にまとまることが明らかにされている。

　ディグマン（Digman, 1997）は，ビッグ・ファイブへの回答を行った異なる
データを分析することで，共通する二つの上位因子を見出した。そして，神経
症傾向，協調性，勤勉性の上位の因子を α（アルファ），外向性と開放性の上
位の因子を β（ベータ）とした。

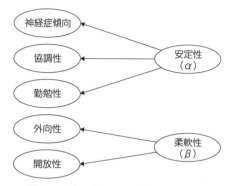

図7-2　ビッグ・ファイブの上位2因子

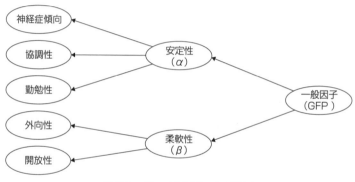

図7-3　パーソナリティの1因子

　またデヤングら（DeYoung, Peterson, & Higgins, 2002）も，ビッグ・ファイブの上位にディグマンと同じような二つの上位因子が見出されることを示している。彼らは，アルファ因子に相当する因子を**安定性**（Stability），ベータ因子に相当する因子を**柔軟性**（Plasticity）と名づけた（図7-2）。そして彼らは，これらの因子と他者に与える印象との関連を検討し，安定性が他者への同調性を高め，柔軟性が低めることを示している。

　ラシュトンやアーウィング（Rushton & Irwing, 2008）は，ビッグ・ファイブの上位2因子のさらに上に，総合的な一つの因子が見出されることを主張した。彼らはこの上位の1因子を，パーソナリティの一般因子（General Factor of Personality：GFP）と呼んだ（図7-3）。GFP は，ビッグ・ファイブだけでなく，

様々なパーソナリティ検査において見出されることも報告されている。そして
この GFP の意味については，様々な議論がなされている。全体的に GFP の高
い人は，自尊感情の高さなど適応的な特徴を示すと言われている。その一方で，
GFP そのものがパーソナリティ測定上のバイアス（歪み）のようなものだと主
張する研究者もいる。

2　クロニンジャーのモデル

2-1　モデルの概要

クロニンジャー（Cloninger, Svrakic, & Przybeck, 1993）は，精神医学的な立場
から精神障害に特有のパーソナリティを説明する独自の理論を構築した。とく
に，大脳神経科学や生物学，遺伝学的な研究を基盤とした，より基礎的な気質
（temperament）の特性と性格（character）の特性を仮定している。

クロニンジャー理論における**気質**は，情動的な刺激に対する自動的な反応で
あるとされる。また遺伝的に規定され，文化や社会生活を通じて安定するもの
であると仮定されている。

その一方で**性格**は，他者との関係の中で表出される個人差であり，気質と家
族環境，個人の経験との相互作用を通じてその結果として発達するものである
と考えられている。なお，クロニンジャー理論の性格は character という単語
が使われていることからもわかるように，より望ましい個人差特性のことを指
している（第5章も参照）。

2-2　気質と性格

クロニンジャー理論の気質は，以下の四つの次元で構成される。**新奇性追求**
（Novelty Seeking：NS）は，車で言えばアクセルのような働きをする気質特性
であり，高得点が衝動性や無秩序，低得点が慎重さや倹約を表す。**損害回避**
（Harm Avoidance：HA）は，車で言えばブレーキのような働きをする気質次
元であり，高得点は不安や悲観，低得点はのんきさや危険行動を意味する。**報**

酬依存（Reward Dependence：RD）は，車で言えばクラッチのような働きをすると考えられ，高得点が信頼や温情，社会性の高さ，低得点は無関心や無批判を意味する。そして**持続・固執**（Persistence：P）は，車で言えばトラクション・コントロールの働きをすると考えられ，高得点は勤勉であることや野心，低得点は怠惰であることや謙虚さを意味する。

　性格の3次元は，以下の通りである。**自己志向**（Self-Directedness：SD）は，高得点が責任感や臨機応変さ，低得点は非難をすることや不安定さを表す。**協調**（Cooperativeness：C）は，高得点が共感を示すことや優しいこと，低得点が利己的であることや敵意を意味する。そして**自己超越**（Self-Transcendence：ST）は，高得点が想像力や観念主義であること，低得点が伝統的であることや唯物主義であることを表す。

2-3　病理との対応

　クロニンジャーの理論では，新奇性追求，損害回避，報酬依存の三つの気質の高低を組み合わせることにより，八つのタイプを導き出す。そしてその八つのタイプのうち低新奇性追求・高報酬依存・低損害回避のタイプを除く七つは，DSM（精神疾患の診断・統計マニュアル）に記載されているパーソナリティ障害の一部に該当する。三つの気質の組み合わせと，対応するタイプ名，そしてパーソナリティ障害については以下の通りである。

(1)高新奇性追求・高報酬依存・高損害回避＝神経質（≒**自己愛性パーソナリティ障害**）

(2)高新奇性追求・高報酬依存・低損害回避＝情熱家（≒**演技性パーソナリティ障害**）

(3)高新奇性追求・低報酬依存・高損害回避＝激情家（≒**境界性パーソナリティ障害**）

(4)高新奇性追求・低報酬依存・低損害回避＝冒険家（≒**反社会性パーソナリティ障害**）

(5)低新奇性追求・高報酬依存・高損害回避＝慎重（≒**回避性パーソナリティ障**

害）

(6)低新奇性追求・高報酬依存・低損害回避＝素直

(7)低新奇性追求・低報酬依存・高損害回避＝理論家（≒**強迫性パーソナリティ障害**）

(8)低新奇性追求・低報酬依存・低損害回避＝独立（≒**統合失調型パーソナリティ障害**）

3　グレイのモデル

3-1　モデルの概要

　グレイは，アイゼンクのパーソナリティ理論を発展させる形で，独自の個人差モデルを構築した（Gray, 1971, 1987）。その概要は図7-4に示されている。アイゼンクは，先に示した基本3次元のうち外向性と神経症傾向を直交させて組み合わせることにより，平面上に個人を布置し，「高外向性・高神経症傾向」「高外向性・低神経症傾向」「内向性・高神経症傾向」「内向性・低神経症傾向」という四つの群を導いている。この中でアイゼンクの理論では，ともに神経症傾向が高いものの外向的であるか内向的であるかによって大きく方向性が

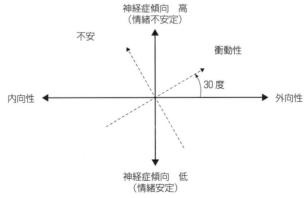

図7-4　アイゼンクのモデルとグレイのモデル
（出所）小塩（2014）

103

異なる二つのタイプに注目が集まっていた。グレイは，この２種類の神経症傾向が高い者をより的確にとらえ，かつ生物学的，神経科学的な研究にもとづき，二つの特性次元を設定した。

3-2　外向性・神経症傾向との対応

　図 7-4 では，神経症傾向と外向性の軸が30度傾けられた線が描かれているが，グレイはこの角度がもっともそれぞれの軸を的確に表現していると考えていた。

　衝動性の軸は，外向的で神経症傾向が高い方向に伸びている。この特性の背景には，**行動賦活系**（Behavioral Activation System：**BAS**）と呼ばれる動機づけシステムが想定されている。このシステムは報酬や罰の不在によって働くものであり，目標に近づき達成する方向に向けて行動を誘発する機能をもつとされる。

　不安の軸は，内向的で神経症傾向が高い方向に伸びている。この特性の背景には，**行動抑制系**（Behavioral Inhibition System：**BIS**）と呼ばれる動機づけシステムが想定されている。行動抑制系は，罰や無報酬，新たな刺激，恐怖を引き起こすような刺激に応じて働き，生起している行動を抑制したり注意を喚起したりする方向に行動を引き起こすとされる。

　さらにグレイのモデルでは，**FFFS**（Fight-Flight-Freezing System：闘うか逃げるかすくむかシステム）に BIS/BAS が関連づけて論じられている。そのモデルでは，FFFS は罰を予測する検出器として働き，BAS は報酬を予測する検出器として働く。そしてこれらの検出器からの情報を受けて，BIS が不安を喚起させることが想定されている。このように，グレイのモデルはシンプルでありながらも脳神経科学的なプロセスの個人差を反映した独自のパーソナリティ構造を示しており，これまでに攻撃性や衝動性を背景にした多くの行動を説明することが示されている。

❖考えてみよう
・パーソナリティ特性の因子は，本章で紹介したもの以外にも，16因子説，12因子説などがあった。このような，パーソナリティの構造に関する研究は，個人

のパーソナリティを理解する上で，どのような意義があるだろうか。
・パーソナリティに関する様々な見解は，それぞれ，パーソナリティをどのよう
な点からとらえ，理解しようとしたのだろうか。ビッグ・ファイブ，クロニン
ジャー，グレイの各理論について，それぞれ重視したもの，重視しなかったも
のはどのようなものがあるか，考えてみよう。

もっと深く，広く学びたい人への文献紹介

木島 伸彦（2014）. クロニンジャーのパーソナリティ理論入門——自分を知り，
　　自分をデザインする——　北大路書房
　　☞クロニンジャー理論を，その背景から研究内容まで日本語でわかりやすく
　　まとめた決定版の書籍である。
小塩 真司（2018）. 性格がいい人，悪い人の科学　日本経済新聞出版社
　　☞パーソナリティの様々な特性を，ビッグ・ファイブと関連づけるとどうな
　　るかを示し，そこから社会のあり方についても考察している。

引用文献

Allport, G. W., & Odbert, H. S. (1936). Trait-names: A psycholexical study. *Psychological Monographs, 47*, No. 211.

Ashton, M. C., & Lee, K. (2001). A theoretical basis for the major dimension of personality. *European Journal of Personality, 15*, 327-353.

Ashton, M. C., Lee, K., Perugini, M., Szarota, P., de Vries, R. E., Di Blas, L., Boies, K., & De Raad, B. (2004). A six-factor structure of personality-descriptive adjectives: Solutions from psycholexical studies in seven languages. *Journal of Personality and Social Psychology, 86*, 356-366.

Cloninger, C. R., Svrakic, D. M., & Przybeck, T. R. (1993). A psychobiological model of temperament and character. *Archives of General Psychiatry, 50*, 975-990.

Costa, P. T., Jr., & McCrae, R. R. (1992). *Revised NEO Personality Inventory (NEO-PI-R) and NEO Five-Factor Inventory (NEO-FFI) professional manual.* Odessa, FL: Psychological Assessment Resources.

DeYoung, C. G., Peterson, J. B., & Higgins, D. M. (2002). Higher-order factors of the Big Five predict conformity: Are there neurosis of health? *Personality and Individual Differences, 33*, 533-552.

Digman, J. M. (1997). Higher-order factors of the Big Five. *Journal of Personality and Social Psychology, 73*, 1246-1256.

Digman, J. M., & Takemoto-Chock, N. K. (1981). Factors in the natural language of personality: Re-analysis, comparison, and interpretation of six major studies. *Multivariate Behavioral Research, 16,* 149-170.

Eysenck, H. J. (1967). *The biological basis of personality.* Springfield, IL: Charles C. Thomas Publisher.

(アイゼンク, H. J. 梅津耕作・祐宗省三他 (訳) (1973). 人格の構造　岩崎学術出版社)

Goldberg, L. R. (1982). From ace to zombie: Some explorations in the language of personality. In C. D. Spielberger & J. N. Bucher (Eds.), *Advances in personality assessment* (Vol. 1, pp. 203-234). Hilsdale, NJ: Erlbaum.

Gray, J. A. (1971). *The Psychology of Fear and Stress.* London: George Weidenfeld and Nicolson Ltd.

(グレイ, J. 斎賀久敬・今村護郎・篠田彰・河内十郎 (訳) (1973). 恐怖とストレス　平凡社)

Gray, J. A. (1987). *The psychology of fear and stress* (2nd ed.). Cambridge: Cambridge University Press.

(グレイ, J. A. 八木欽治 (訳) (1991). ストレスと脳　朝倉書店)

Norman, W. T. (1963). Toward an adequate taxonomy of personality attributes: Replicated factor structure in peer nomination personality ratings. *Journal of Abnormal and Social Psychology, 66,* 574-583.

Norman, W. T. (1967). *2800 personality trait descriptors: Normative operating characteristics for a university population.* Ann Arbor, MI: University of Michigan.

小塩真司 (2014). Progress & Application パーソナリティ心理学　サイエンス社

Paulhus, D. L., & Williams, K. M. (2002). The dark triad of personality: Narcissism, machiavellianism, and psychopathy. *Journal of Research in Personality, 36,* 556-563.

Rushton, J. P., & Irwing, P. (2008). A general factor of personality (GFP) from two meta-analysis of the Big Five: Digman (1997) and Mount, Barrick, Scullen, and Rounds (2005). *Personality and Individual Differences, 45,* 679-683.

Tupes, E. C., & Christal, R. E. (1961). Recent personality factors based on trait ratings. *USAF ASD Technical Report,* No. 61-97.

第8章 パーソナリティの形成
——「その人らしさ」はいかに 形づくられるか

川 本 哲 也

私たちは社会の中で様々な振る舞いをしている。たとえまったく同じ状況にあっても，そこでの私たちの行動はバラエティーに富んでいる。休日に美術館に出かけて芸術を味わう人がいる一方，いつものテレビ番組を見て楽しむ人もいる。仕事でプロジェクトを任されたとき，プロジェクトを成功に導くべく計画的に仕事に励む人がいる一方，行き当たりばったりで何とか仕事をこなす人もいる。これまでの章で学んできたパーソナリティとは，この私たち一人ひとりの振る舞いの違いを生み出す要因である。私たちは一人ひとりパーソナリティが違うから，同じ状況でも異なる行動をとるのである。では，パーソナリティはなぜ一人ひとり違うのだろうか。本章では，このパーソナリティの一人ひとりの違い（**個人差**）がなぜ形成されるのかを学んでいく。パーソナリティがどのように形成されるのかを理解することで，自分と違う他人の存在について，そして，人間の多様性について理解が深まるだろう。

1 遺伝と環境

　個人差がいかに形成されるのかについて，心理学では古くから「氏か育ちか」という発達に関する**遺伝環境論争**がくり広げられてきた。パーソナリティを含む人の様々な形質が遺伝によるのか，それとも環境によるのかという議論である。

1-1　遺伝とは？環境とは？

　パーソナリティの個人差を形成するという**遺伝**と**環境**とは，いったい何なのだろうか。遺伝とは，私たちが両親から受け継いだ遺伝子の影響の総体を指す。私たち人間は約2万から2万5千ほどの遺伝子をもち，パーソナリティに影響する遺伝子もその中に含まれている。パーソナリティに影響する遺伝子は複数あり，一つひとつが少しずつ，小さな影響を与えている。この個々の遺伝子の影響の総体を遺伝と呼ぶ。

　環境とは，私たちが生まれてから（もしくは胎内にいるときから）経験してきている，様々な外的要因を指す。幼少期から経験してきている教育もその一つであるし，どのような家庭で育ったかも環境を構成する一つの要因である。このように，遺伝と環境とは何か単一の要因を表すのではなく，具体的な個々の要因がもつ影響をまとめたものである。

1-2　行動遺伝学が明らかにしたこと

　行動遺伝学とは，パーソナリティや知能，態度，価値観などの，人を含めた動物の心や行動の個人差に対する遺伝と環境の影響を明らかにする学問である。行動遺伝学の手法には複数あるが，双生児を用いた**双生児研究**が広く用いられている。

　双生児研究は，一卵性双生児と二卵性双生児を比べることで，ある形質における遺伝と環境の相対的な影響の度合いを明らかにする。一卵性双生児は双生児の間で遺伝子を100％共有しているが，二卵性双生児間の共有度は平均すると50％となる。一卵性双生児と二卵性双生児を比べると，基本的に前者の方が双生児間の類似度が高い。一卵性双生児と二卵性双生児の間の類似度の差は，両者の遺伝子の共有度の差に帰着することができ，そのことから遺伝の影響の大きさを窺い知ることができる。遺伝で説明できないものは環境の影響ということになるため，双生児研究の方法を用いることで，パーソナリティを含めたあらゆる形質の個人差の遺伝と環境の相対的な寄与の大きさを明らかにできる。

　環境の影響は，双生児一人ひとりが共通して経験し，両者をより似た者同士

にする共有環境と，双生児一人ひとりが個別に経験し，双生児一人ひとりをより異なる者にする非共有環境の二つに分けられる。共有環境は家庭の年収や文化資本などを含み，非共有環境は別々の友人との関係や養育者からの別々の扱いなどを含む。行動遺伝学は個人差を遺伝，共有環境，非共有環境の三つの要素に切り分け，それぞれがどれほどの割合で影響するのか明らかにする。なお，遺伝により説明される個人差の割合を**遺伝率**と呼ぶ。

　パーソナリティの個人差に関する行動遺伝学的研究はこれまでに数多く行われてきた。近年のメタ分析の結果では，パーソナリティの個人差のうち約40％が遺伝によって説明され（遺伝率は40％），残る約60％が環境によって説明されることが示された（Vukasović & Bratko, 2015）。ただしこのメタ分析では，双生児研究の手法を用いると遺伝率の推定値は若干高くなり（遺伝率は47％），それ以外の行動遺伝学的手法（家系研究や養子研究）を用いると遺伝率は低く推定される（遺伝率は22％）ことも示されている。また，パーソナリティの遺伝率は生涯を通じつねに一定ではなく，年齢とともに下がることも示されている（Briley & Tucker-Drob, 2014）。なお，パーソナリティに影響する環境については，非共有環境からの影響がほとんどであり，共有環境からの影響は非常に小さいことが繰り返し示されている。

1-3　遺伝と環境の相互作用

　これまでの行動遺伝学による研究知見は，遺伝と環境が独立にパーソナリティの個人差に影響することを仮定したものであった。しかし，遺伝と環境の間には複雑な相互作用があることが明らかになってきている。たとえば，ある特定の遺伝子をもった人が特定の環境を経験しやすいといった場合，遺伝と環境の間に関連が生じる。これを**遺伝環境相関**と呼ぶ。遺伝環境相関には受動的遺伝環境相関，誘導的遺伝環境相関，能動的遺伝環境相関の三つが知られている。[1]

　また，ある特定の遺伝子型をもった人と別の遺伝子型をもった人とで，同じ環境を経験しても異なる帰結が生じる場合がある。よく知られている例では，モノアミン酸化酵素A（MAOA：セロトニン，ドーパミン，ノルアドレナリンな

どのモノアミン神経伝達物質の酸化を促進する酵素の一種）の活性が低くなる遺伝子型の子どもと，MAOA の活性が高くなる遺伝子型の子どもとで，マルトリートメントと呼ばれる不適切な養育を受けた際の影響が異なるという知見がある（Caspi et al., 2002）。この研究では，MAOA 活性が低い遺伝子型の子どもがマルトリートメントを受けると，その後の反社会的行動の表出が強まるが，MAOA 活性が高い遺伝子型の子どもではマルトリートメントからの影響を受けにくいことが示された。このような遺伝と環境の組み合わせにより帰結が変わるような現象を，**遺伝環境交互作用**と呼ぶ。

　さらに，特定の環境にさらされることにより，遺伝子の発現が調節されることも明らかになってきている。**エピジェネティクス**と呼ばれるこの現象は，DNA の塩基配列が変化することなく遺伝子の発現が制御される仕組みを指す。よく知られている例では，社会的孤独を強く経験している人々とそうでない人々の間で，免疫系や細胞増殖などにかかわる209個もの遺伝子の発現パターンに違いが見られたという結果が得られている（Cole et al., 2007）。このエピジェネティクスの仕組みは，たとえ同じ遺伝子配列であったとしても，環境によってその発現パターンが変わりうることを示すもので，人の行動の個人差を生み出す重要なメカニズムとして注目されている（Champagne & Mashoodh, 2009）。

➡1　受動的遺伝環境相関（passive gene-environment correlation）は，子どもが自身の遺伝子型と関連した家庭環境に身を置くことになるような場合を指し，ほとんどの場合，その環境は養育者やきょうだいからもたらされる。誘導的遺伝環境相関（evocative gene-environment correlation）は，自分の遺伝子型にもとづいて周囲の人々の反応が引き出されるような場合にもたらされる環境を指す。能動的遺伝環境相関（active gene-environment correlation）は，自身の遺伝子型に合致する環境を自ら選択したり作り出したりして，そこに身を置くような場合を指し，ニッチ獲得とも呼ばれる。

2　パーソナリティの発達

　前節では遺伝と環境という観点から，パーソナリティの個人差がどのように
形成されるかを概観してきた。本節では，パーソナリティが発達のプロセスの
中でいかに変化するのかという観点から，パーソナリティがどのように形成さ
れるのかをみていきたい。

2-1　気質からパーソナリティへ

　生後間もないときから子どもの行動は一人ひとり異なる。この行動の個人差
は幼児期・児童期・青年期を通じてより顕著に，そしてより複雑になっていく。
発達早期より出現する行動上の個人差を**気質**と呼ぶ（第4章参照）。気質とは，
生得的に備わる比較的一貫した基礎的な特性であり，その大部分は生後間もな
いときから生物学的な要因に強く影響され出現するが，発達の進行とともに次
第に環境の影響を受けるようになる（Goldsmith et al., 1987）。このゴールドスミ
スらの気質に対する見解は，これまで気質に関する研究のスタンダードとして
扱われてきた。しかし近年，この気質に対する見解に新たな知見が加わってき
ている。一つは気質の安定性に関する知見である。ゴールドスミスらの見解に
あるように，気質の大部分は発達早期より見られる。しかし，たとえば抑制や
自己制御にかかわる側面などは乳児期の終わりごろから出現してくる
（Rothbart, 2011）。

　また，ゴールドスミスらの気質に対する見解では，とくに発達早期において
生物学的な要因の働きが重要視されている。しかし，前節でも述べたように遺
伝のような生物学的要因は，環境とも複雑に相互作用することが明らかになっ
てきた。すなわち環境の経験は遺伝子の発現に影響し，行動の広範な個人差を
生み出す（Champagne & Mashoodh, 2009）。ゆえに，発達早期に生物学的な要
因が気質に強く影響し，徐々に環境の要因が大きく影響するようになるのでは
なく，むしろ生後間もないときから遺伝と環境がともに影響することで，気質

の個人差は形成されているといえる。以上のような新たな知見にもとづき，シャイナーら（Shiner et al., 2012）は気質を，活動性や情動，注意，自己制御の領域における発達早期から見られる基礎的な特性で，発達の時間の中で遺伝的，生物学的，環境的要因の複雑な相互作用から形成されるものとして定義した。

　気質とパーソナリティの違いに関する議論は今なお続いているが，両者は基本的に同じものであるとする考え方が主流である。ただしパーソナリティは気質を包含するより広い概念であり，発達早期の個人差を気質，より大きくなってからの個人差をパーソナリティと呼ぶ（Rothbart, 2011；Shiner, 2015）。

　パーソナリティのモデルとして近年広くコンセンサスを得ているモデルにビッグ・ファイブ（5因子モデル）（詳細は第7章を参照）がある。このモデルは，外向性，神経症傾向，開放性，調和性（協調性），誠実性（勤勉性）という五つの大きな因子からパーソナリティを把握するモデルである。一方，気質のモデルとしては，古くはトマスらの九つの気質次元（活動水準・周期性・接近性・順応性・敏感性・反応の強さ・気分の質・気の散りやすさ・注意の範囲と持続性）が知られているが（Thomas, Chess, Birch, Hertzig, & Korn, 1963），近年はロスバートらの気質モデルが広く用いられており，高潮性（surgency），ネガティブ情動性（negative emotionality），エフォートフルコントロール（effortful control）（第4章参照）という三つの次元が提唱されている（Rothbart, 2011）。ロスバートらの気質モデルとパーソナリティの5因子モデルの間には明瞭な対応関係があり，高潮性は外向性，ネガティブ情動性は神経症傾向，エフォートフルコントロールは誠実性へとつながることが指摘されている（Shiner, 2015）。調和性と開放性については，ロスバートらの気質のモデルに対応する次元がなく，発達のプロセスの中で出現してくる次元といえる。このように，気質とパーソナリティはある程度の一貫性がありながら，発達のプロセスにおいて気質からパーソナリティへと，その概念はより広がっていくものといえるだろう。

2-2　パーソナリティの変化と安定性

　前項では，気質とパーソナリティが基本的に同じものを表していて，両者の

表8-1　パーソナリティ発達研究の五つの視点

	相対的	絶対的
集団レベル	①順位の安定性 　(rank-order stability)	②平均値レベルの変化 　(mean-level change)
個人レベル	③個人内のプロフィールの安定性 　(ipsative consistency)	④変化量の個人差 　(individual differences in change)
	⑤因子構造の一貫性（structural consistency）	

（出所）Roberts, Wood, & Caspi（2008）を改変

間に一貫性があることを学んだ。ではパーソナリティは，その人の生涯発達過程でいかに変化していくものなのだろうか。「三つ子の魂百まで」という諺があるように，私たちはパーソナリティというものに対して高い安定性を暗黙のうちに仮定している。しかし近年のパーソナリティ発達の研究から，パーソナリティはけっして「変わらないもの」ではなく「変わりうるもの」，つまりパーソナリティの可塑性が認識されるようになってきた。

　パーソナリティ発達を検証する視点は大きく五つあり（表8-1を参照），パーソナリティの変化と安定性を理解する上で，この複数の視点を理解することが重要となる。一つ目は集団内での相対的な変化を検証するものであり（表8-1の①），集団内での順位・順番がどの程度保たれているのかという視点である。二つ目は集団内での絶対的な変化を検証する視点であり（表8-1の②），検査で測定される得点の平均値そのものがどの程度変わるのかという視点である。三つ目は個人内でその人のパーソナリティのプロフィールが変化するかを扱うもので（表8-1の③），四つ目は絶対的な得点の変化の個人差を扱うものである（表8-1の④）。そして五つ目は，発達プロセスにおいてパーソナリティの因子構造がどのように変化するのかという視点である（表8-1の⑤）。①〜④までは，パーソナリティの因子構造が変わらないことを前提とした視点といえる。分析のレベルの観点から見ると，①・②は集団レベル，③・④は個人レベルということになる。また分析の焦点に着目すれば，①・③は相対的な変化，②・④は絶対的な変化を扱ったものといえる（Roberts, Wood, & Caspi, 2008）。本項では集団レベルの視点（①・②）に限定し，パーソナリティの変化と安定性につい

て見ていきたい。

順位の安定性

たとえば，あるクラスの生徒に外向性を測るパーソナリティ検査を行ったと
しよう。一人ひとりの外向性の得点が計算され，その得点の高低に応じて順位
が出る。それから1年が経過した後，再度同じクラスの生徒に同じパーソナリ
ティ検査を行うと，1年前と同じように外向性の得点が計算され，順位が出る。
多くの生徒は，1年前と現在とでまったく同じ順位になることはない。しかし，
1年前に外向性の順位が高かった生徒は，多くの場合現在も高い順位を示して
いるだろう。このような集団内での相対的な位置について，それが経時的にど
れほど安定しているのかを検討するのが順位の安定性という視点である。実際
には2回の検査結果の間の相関係数から順位の安定性を評価する。[2]

パーソナリティの変化と安定性に関する膨大な先行研究の結果から，パーソ
ナリティの順位の安定性は比較的高いことが示されている（Roberts &
DelVecchio, 2000）。この安定性は年齢が上がるとともに強まっていき，これを
累積安定化の原則（cumulative continuity principle）と呼ぶ（Roberts et al., 2008）。
ただし，パーソナリティが相対的に安定しているからといって，まったく変化
が生じないということではない。とくに青年期やそれ以前の発達段階の子ども
は，パーソナリティの順位の安定性は高くない（Roberts & DelVecchio, 2000）。
人生の早い段階においてはパーソナリティの変化可能性も十分にあるといえる
だろう。

なぜパーソナリティは加齢とともに次第に安定してくるのか。双生児を対象
にした縦断的調査の結果から，パーソナリティの順位の安定性の高さは遺伝に
よる影響が大きいが，その順位の安定性が加齢とともに高くなることについて
は，環境の影響が大きいことが示されている（Briley & Tucker-Drob, 2014）。

➡ 2　順位の安定性を評価する相関係数は，1に近づくほど安定性が高いことを表す。
　　本文中の例にもとづくと，1年前と現在とでクラス内の順位があまり変わらないこ
　　とを意味する。反対に0に近づくほど安定性が低いことを表し，1年前と現在とで
　　クラス内の順位が大きく変わることを意味する。

一人ひとりがもつ遺伝子は，時間が経っても変わらない。幼少期ではその変わらない遺伝の効果が，パーソナリティの順位の安定性を生み出している。しかし，加齢とともに一人ひとりが身を置く環境も次第に固定化されてくる。その安定化した環境が，さらにパーソナリティの順位の安定性をより高くしているのだろう。

平均値レベルの変化

平均値レベルの変化という視点は，先ほどの例でいうと，1年前と現在とでクラスの外向性の平均点がどれほど変化したのか，ということを評価するものである。絶対的な得点の増減を評価するため，基本的には縦断的調査の結果に[3]もとづいた検証を行う。

パーソナリティの変化と安定性の先行研究の多くはビッグ・ファイブにもとづいているため，ここでもビッグ・ファイブにもとづき，これまでに明らかにされたことを概観する。縦断的調査のメタ分析の結果によると，調和性と誠実性は青年期以降，直線的にそのレベルが高くなる（Roberts, Walton, & Viechtbauer, 2006）。一方，神経症傾向は青年期以降に一貫して低下していく。外向性については，社交性の側面は青年期以降やや低下するが，社会的支配の側面は青年期以降，年齢とともにそのレベルが高くなる。開放性は，青年期後期において一度高くなるが，その後はあまり年齢の影響を受けず，老年期に年齢とともに低下する。

生涯を通じて調和性，誠実性が高くなり，神経症傾向が下がるということは，人は加齢とともにまわりの人々と協調的にふるまうようになり，責任感や計画性をもって勤勉に行動し，情緒的に安定していくことを表している。つまり，パーソナリティは加齢とともにより社会的に望ましい方向に成熟していくのである。パーソナリティがこのような平均値レベルでの変化を見せることは，**成**

→ **3**　縦断的調査はコストや時間がかかるため，簡易的な方法として横断的調査にもとづく年齢差の観点から，疑似的な平均値レベルの変化を検討することも多い。ただしこの場合，それが加齢による差なのか，それともコホート（生まれ年）による差なのかが区別できないという問題点がある。

熟化の原則（maturity principle）として知られている（Roberts et al., 2008）。

　では，この社会的に望ましい方向へのパーソナリティの変化はなぜ生じるのだろうか。**社会投資理論**（Roberts, Wood, & Smith, 2005）によれば，仕事や地域社会での活動，家庭生活などの社会的役割に従事することで，加齢に伴うパーソナリティの社会的に望ましい方向への変化が促される。また個人のレベルで見ると，一人ひとりが経験する大きなライフイベントも，パーソナリティの変化を生じる要因となりえる。しかし，パーソナリティがなぜ変化するのかを説明する研究は，どのように変化するのかを記述する研究に比べるとその数が少なく，明確な結果が得られていない。

3　パーソナリティの病理をめぐる理論

　これまでの節では，パーソナリティの形成を遺伝と環境という至近的なメカニズムの観点，および加齢に伴う発達の観点から概観してきた。本節では，パーソナリティが人の精神的な病理といかに関連しうるのか，理論的なモデルをもとに学んでいく（第9章も参照）。

　生涯発達の過程において，パーソナリティは寿命や健康（身体的な指標），収入や就業（社会的な指標）など，数多くの指標と関連をみせる。とくに病気の原因や発生過程（病理）に注目すると，パーソナリティのビッグ・ファイブの中でも神経症傾向（ネガティブ情動性）の高さは，心身の健康と負の関連を示すことが指摘されている（Hampson & Friedman, 2008）。しかし，このような特定のパーソナリティ傾向を病理の単一の原因ととらえる見方は現実的ではなく，近年はパーソナリティと環境の相互の影響を重視する見方が注目を集めている（Magnusson & Stattin, 2006）。この**パーソナリティ─環境交互作用**（personality-environment interaction）の代表的なモデルとして，**脆弱性ストレスモデル**（diathesis-stress model：Monroe & Simons, 1991）と**被影響性（差次感受性）モデル**（differential susceptibility model：Ellis, Boyce, Belsky, Bakermans-Kranenburg, & Van Ijzendoorn, 2011）を紹介する。

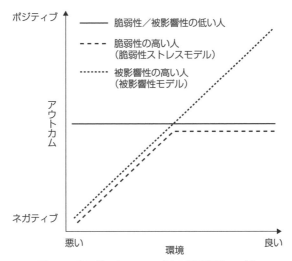

図 8-1　脆弱性ストレスモデルと被影響性モデル
（出所）Ellis, Boyce, Belsky, Bakermans-Kranenburg, & Van Ijzendoorn（2011）を改変

3-1　脆弱性ストレスモデル

　強いストレスにさらされることで，人は様々な病理を発症するリスクが高まる。しかし，ストレスを経験した人全員が病理を発症するわけではない。脆弱性ストレスモデル（素因ストレスモデル）とは，個人がもつ脆弱性（素因）の違いにより，ストレスから受ける影響の大きさが一人ひとり異なることをモデル化したものである（図8-1を参照）。このモデルでは，脆弱性が高い個人は，病理になりやすい素因をもつということになり，ストレスにさらされることで大きな影響を受け，病理の発症リスクが高まる。一方，脆弱性の低い個人では，ストレスにさらされてもあまり影響を受けず，病理の発症リスクは高まらない。

3-2　被影響性モデル

　脆弱性ストレスモデルは，個人の脆弱性の高さが劣悪な環境からの負の影響をより強くすることが説明された。しかし，たとえばあたたかい養育のような好ましい環境からの影響については，その対象に入っていない。被影響性モデ

ル（差次感受性モデル）では，脆弱性ストレスモデルと同様に個人の被影響性の違いに着目をするが，被影響性の高い個人はストレッサーとなる劣悪な環境からの負の影響をより強く受ける一方で，あたたかい養育のような好ましい環境からの正の影響もより強く受けることが想定される（図8-1を参照）。つまり，被影響性の高い個人は正にも負にも影響を受けやすく，その一方で被影響性の低い個人はそもそも環境からの影響を受けにくいということになる。

　脆弱性ストレスモデルも被影響性モデルも，ともに環境の影響を増幅・抑制する個人内の要因に着目しており，前者はそれを脆弱性（素因），後者はそれを被影響性（感受性）と呼んでいる。いずれのモデルについても，この個人内の要因として，たとえばセロトニントランスポーター遺伝子のプロモーター領域（5-HTTLPR）における遺伝的多型（遺伝学的なレベル）やコルチゾール感受性の高さ（生理学的なレベル）といった，生物学的な要因が想定されることが多い。また心理学的なレベルだとネガティブ情動性のような難しい気質・パーソナリティが想定される。

　最近はこの二つのパーソナリティ―環境交互作用のモデルに加え，良性感受性モデル（vantage sensitivity model：Pluess & Belsky, 2013）と呼ばれる，好ましい環境からの正の影響を増幅することのみを仮定したモデルも提唱されている。現状では他の二つに比べ実証的な知見が不足しているが，今後の研究の進展が期待されるモデルといえるだろう。

　被影響性モデルは脆弱性ストレスモデルと比べ実証研究が少ないものの，徐々に知見が集まりつつある。近年行われたメタ分析の結果では，ネガティブ情動性の高い子どもは不適切な養育に対しより脆弱である一方，好ましい養育の影響もより強く受けることが示されている（Slagt, Dubas, Deković, & van Aken, 2016）。ただしこのメタ分析では，ネガティブ情動性の測定が乳幼児期のような年齢の低いときに行われている場合に限り，被影響性モデルと一致する結果が確認されることも明らかにされている。被影響性モデルの特色である，正にも負にも影響を受けやすいという点が発達早期に限定される現象なのか，それとも児童期・青年期以降はネガティブ情動性ではない別の要因が被影響性

として機能するのか，今後の研究で明らかになってくるだろう。

　これらのパーソナリティ―環境交互作用のモデルは，病理のようなネガティブな帰結はもちろん，社会性のようなポジティブな帰結も含めた，生涯発達の過程におけるパーソナリティの形成の個人差を説明する有効かつ重要な理論モデルといえるだろう。

❖考えてみよう
・今なお，パーソナリティの違いを遺伝または環境のいずれかに帰着しようとする誤った考え方が散見される。このような「遺伝がすべて」または「環境がすべて」という考え方が信じられてしまうと，教育の場面や社会生活にどのような影響が生じるだろうか。遺伝と環境のそれぞれについて考えてみよう。
・人生におけるどのような経験が，どのようなパーソナリティの変化を生じるだろうか。いくつか具体例を考えてみよう。

もっと深く，広く学びたい人への文献紹介
　小塩　真司（2011）．性格を科学する心理学のはなし――血液型性格判断に別れを告げよう―― 新曜社
　　　☞パーソナリティの代表的なモデルや，そのパーソナリティがどのように発達するのかを，国内外の客観的なデータをもとにわかりやすく紹介した書籍である。
　安藤　寿康（2017）．「心は遺伝する」とどうして言えるのか――ふたご研究のロジックとその先へ―― 創元社
　　　☞パーソナリティを含めた様々な個人差に対する遺伝と環境の影響について，行動遺伝学の手法がどのようにそれを明らかにしてきたのかを詳細に説明した書籍である。

引用文献

Briley, D. A., & Tucker-Drob, E. M. (2014). Genetic and environmental continuity in personality development: A meta-analysis. *Psychological Bulletin, 140,* 1303-1331.

Caspi, A., McClay, J., Moffitt, T. E., Mill, J., Martin, J., Craig, I. W., Taylor, R., & Poulton, R. (2002). Role of genotype in the cycle of violence in maltreated children. *Science, 297,* 851-854.

Champagne, F. A., & Mashoodh, R. (2009). Genes in context: Gene-Environment interplay and the origins of individual differences in behavior. *Current*

Directions in Psychological Science, 18, 127-131.

Cole, S. W., Hawkley, L. C., Arevalo, J. M., Sung, C. Y., Rose, R. M., & Cacioppo, J. T. (2007). Social regulation of gene expression in human leukocytes. *Genome Biology, 8*, R189.

Ellis, B. J., Boyce, W. T., Belsky, J., Bakermans-Kranenburg, M. J., & Van Ijzendoorn, M. H. (2011). Differential susceptibility to the environment: An evolutionary-neurodevelopmental theory. *Development and Psychopathology, 23*, 7-28.

Goldsmith, H. H., Buss, A. H., Plomin, R., Rothbart, M. K., Thomas, A., Chess, S., ... McCall, R. B. (1987). Roundtable: What is temperament? Four approaches. *Child Development, 58*, 505-529.

Hampson, S. E., & Friedman, H. S. (2008). Personality and health: A lifespan perspective. In O. P. John, R. W. Robins, & L. A. Pervin (Eds.), *Handbook of personality: Theory and research* (3rd ed., pp. 770-794). New York: Guilford Press.

Magnusson, D., & Stattin, H. (2006). The person in context: A holistic-interactionistic approach. In W. Damon & R. M. Lerner (Eds.), *Handbook of child psychology: Vol. I Theoretical models of human development* (6th ed., pp. 400-464). New York: Wiley.

Monroe, S. M., & Simons, A. D. (1991). Diathesis-stress theories in the context of life stress research: Implications for the depressive disorders. *Psychological Bulletin, 110*, 406-425.

Pluess, M., & Belsky, J. (2013). Vantage sensitivity: Individual differences in response to positive experiences. *Psychological Bulletin, 139*, 901-916.

Roberts, B. W., & DelVecchio, W. F. (2000). The rank-order consistency of personality traits from childhood to old age: A quantitative review of longitudinal studies. *Psychological Bulletin, 126*, 3-25.

Roberts, B. W., Walton, K. E., & Viechtbauer, W. (2006). Patterns of mean-level change in personality traits across the life course: A meta-analysis of longitudinal studies. *Psychological Bulletin, 132*, 1-25.

Roberts, B. W., Wood, D., & Caspi, A. (2008). The development of personality traits in adulthood. In O. P. John, R. W. Robins & L. A. Pervin (Eds.), *Handbook of personality: Theory and research* (3rd ed., pp. 375-398). New York: Guilford Press.

Roberts, B. W., Wood, D., & Smith, J. L. (2005). Evaluating Five Factor Theory and social investment perspectives on personality trait development. *Journal of Research in Personality, 39*, 166-184.

Rothbart, M. K. (2011). *Becoming who we are: Temperament and personality in development*. New York: Guilford Press.

Shiner, R. L. (2015). The development of temperament and personality traits in childhood and adolescence. In M. Mikulincer, P. R. Shaver, M. L. Cooper, & R. J. Larsen (Eds), *APA handbook of personality and social psychology, Volume 4: Personality processes and individual differences* (pp. 85-105). Washington: American Psychological Association.

Shiner, R. L., Buss, K. A., McClowry, S. G., Putnam, S. P., Saudino, K. J., & Zentner, M. (2012). What is temperament now? Assessing progress in temperament research on the twenty-fifth anniversary of Goldsmith et al. (1987). *Child Development Perspectives, 6*, 436-444.

Slagt, M., Dubas, J. S., Deković, M., & van Aken, M. A. (2016). Differences in sensitivity to parenting depending on child temperament: A meta-analysis. *Psychological Bulletin, 142*, 1068-1110.

Thomas, A., Chess, S., Birch, H. G., Hertzig, M. E., & Korn, S. (1963). *Behavioural individuality in early childhood*. New York: New York University Press.

Vukasović, T., & Bratko, D. (2015). Heritability of personality: A meta-analysis of behavior genetic studies. *Psychological Bulletin, 141*, 769-785.

第9章 パーソナリティの病理
——力動的な見方を臨床実践に生かす

田中健夫

　病理的なパーソナリティにはどのようなものがあり，いかに形成されるのか。病理的なパーソナリティは，健康に機能しているパーソナリティと質的に異なるのだろうか。臨床的にあらわれたパーソナリティの病理は，「発達的にどの時期に取り組まれる問題なのか」と問い，「病態水準」（病理の深さ）を見立て，日常生活や対人関係への影響を把握することが大切である。また，パーソナリティの病理的な部分とともに，併存している健康に機能する部分にも目を向けることが必要である。本章では，パーソナリティの病理の様々なかたちをみていきながら，その理解をいかに臨床実践につなげるかについて，主に力動的な観点から考えていきたい。

1　病理的なパーソナリティをとらえる視点

1-1　病理的とは？

　たとえば猜疑心が強く被害的になりやすい人がいるとする。友人の言葉を，自分をけなす悪意があるものと読み，だまされて利用されるとか，危害が加えられるのではないかと疑い続けるとき，こうした不安は一人で我慢するよりは精神症状として治療し抑えられる必要がある。別の例として，被虐待経験を生き延びるために形成してきた周囲を過剰に警戒するスタイルは，その人の日常生活を疲弊させ，対人関係にも否定的な影響を及ぼす。これは症状というよりは，不適応を引き起こすパーソナリティの型とみることができよう。

　ひるがえって考えてみると，私たちにも猜疑心が高まることはある。一人で海外旅行中の心細いときを想像してみるとよいだろう。周りの人がひそひそ喋っているのを，自分のことを変だと噂しているのではないかと疑い始め，被害的な感覚や不安が昂じていくかもしれない。ただ，このように一時的に不安になったとしても，状況を全体的に把握して，客観的な視点から自分の感じ方の偏りを吟味することによって最終的に被害的な気持ちは収まっていく。

　前者のような，状況を超えた過剰で偏った反応傾向は，病理的なパーソナリティとして不適応状態をまねく。このとき，その人全体が精神的な病気であるととらえるよりは，ビオン（Bion, 1957）が述べるように，私たちの心の中には精神病的パーソナリティと非精神病的パーソナリティがあり，あらゆる人の心にこの両部分が存在しているという見方は，臨床実践において，自分の心を使ってクライエントを理解していく際に有効である。

1-2　パーソナリティと病気

　ところで，パーソナリティと病気にはどのような関連があるのだろうか。その一つに，精神医学における**病前性格**の考え方がある。たとえば，うつ病になりやすいもともとの性格があり，そうした性格を基盤にして，ある誘因（引き金）によってうつ病が発症するというものである。几帳面で秩序を重んじ，まじめで周囲に気を遣うという病前性格をもつ人がうつ病になりやすいとされ，有名なものにテレンバッハ（Tellenbach, H.）の「メランコリー親和型」や，（躁）うつ病との関連では下田光造による「執着気質」がある。しかし，軽度な抑うつ気分が続く「気分変調性障害」に特徴的な病前性格はないという議論もあり，あるパーソナリティが特定の病気を引き起こしやすいという因果関係的な見方は必ずしも適切ではない。

　この他に，①病気がパーソナリティに影響を及ぼす，②あるパーソナリティが不適応的な行動を起こしやすくして病気につながる（媒介関係），③生物学的な要因がパーソナリティと病気に影響を及ぼす（パーソナリティと病気は相関関係）という関連モデルと，それらを支持する研究結果がある。

　従来の生物医学モデルに対して，エンゲル（Engel, 1977）が提唱した**生物-心理-社会モデル**（bio-psycho-social model）は，生物学的，心理学的，社会的な要因の相互作用を総合的に考慮しようとするものであり，個人のもつ特性が治療プロセスや予後や疾病予防に及ぼす影響についての研究の前提になるモデルとして広く受け入れられている。

　心理学においては，精神的不健康や抑うつに関連するパーソナリティ特性について実証的研究がなされてきた。取り上げられている特性には，気質的なものから後天的なものまでがある。また，あるパーソナリティ特性の得点が非常に高いということが，ただちに精神的不健康につながるのか。中程度の場合はどうなのか，というような問題もそれぞれに検討する必要がある。ここでは，どのような特性も不健康や不適応状態に関連しうると述べておく。なお，反社会性には，共感性の欠如と他者に対する操作性という特徴を共通にもつ「マキャベリアニズム」「サイコパシー」「自己愛傾向」（Dark Triad, 第7章参照）と，近年はこれらに「サディズム」を加えた四つのパーソナリティ特性（Dark Tetrad）の関連が深いとして研究がなされている。

1-3　不健康につながるパーソナリティのタイプ

　不健康や不適応状態に結びつくパーソナリティについて類型（タイプ）論的なとらえ方がある。フロム（Fromm, 1941）が探究した「**権威主義的性格**」は，権威を愛し服従しあるいはそれにいどみ，自分より弱い者に対しては攻撃・支配して服従を求める性格である。権威主義の程度を測るファシズム尺度（Fスケール）が，アドルノ（Adorno, T.）によって作成されている。フロイト（Freud, S.）の「肛門期的性格」，ライヒ（Reich, W.）の「衝動的性格」，ドイチェ（Deutsch, H.）の「かのような性格（as if personality）」などは，臨床経験から導き出された類型である[1]。これらはいくつかの特性の組合せというよりは，ある特徴的な不安と防衛様式の組織化がなされたものである。なお，パーソナリティの構造化がなされない，あるいは「複数のモードが〈中心〉を欠いた状態でゆるやかに統制されている」（大饗，2012）"解離"が，現代社会に特有な

「人格の多元化」として注目されている。中心を喪失したパーソナリティのあり方は，ネット時代において必ずしも不適応的ではないとも言われる。

　また，アメリカの医師であるフリードマン（Friedman, M.）とローゼンマン（Rosenman, R. H.）が見出した「**タイプＡ行動パターン**」は，競争的で達成意欲が過剰で，いつも急いでおり，怒りやすく攻撃的なタイプである。このタイプは心臓疾患に罹りやすいということで，かつては大規模な研究がなされた。心理学的構成概念では，外的適応が過剰で内的不適応感（自己抑制，自己不全）が高い「過剰適応」というスタイルについての研究が近年は盛んである。

2　病理的な人格の特性──パーソナリティ障害

2-1　パーソナリティ障害の概念と分類

　非定型的で厄介な事例は，20世紀半ばまでは精神病への移行やその潜伏状態として，あるいは異常人格として扱われてきた。1967年のカンバーグ（Kernberg, 1967）による「境界パーソナリティ構造」論文を皮切りに境界例という臨床単位を用いた実証的な研究が行われるようになり，1980年代以降は，「人格障害」や「**パーソナリティ障害**」という用語が広く用いられるようになった。パーソナリティ障害は，以下の特徴を共通してもっている（DSM-5「パーソナリティ障害全般」（American Psychiatric Association, 2013 髙橋・大野監訳 2014）より）。

(1)著しく偏った内的体験と行動の持続的パターンが，①認知，②感情性，③対人関係機能，④衝動の制御という４領域のうち二つ以上に現れている。

(2)そのパターンには柔軟性がなく，個人的および社会的状況の幅広い範囲に広がり，苦痛や機能障害を引き起こしている。

➡1　「肛門期的性格」は，けちで几帳面であり，保持することやコントロールに執着する性格。「衝動的性格」は，超自我の形成不全により葛藤や心理的な緊張に耐えられずに短絡的な行動をしやすい性格。「かのような性格」は，他者に対する偽りの良い適応と内的な空虚さを併せもった，離人的で受身的な性格である。

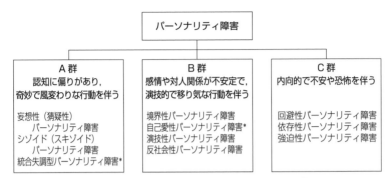

図9-1　パーソナリティ障害のタイプ（DSM-5）
（注）ICD-10（世界保健機構 WHO による国際疾病分類）では 8 類型，＊印はない。
（出所）American Psychiatric Association（2013 髙橋・大野監訳 2014）

(3)そのパターンは安定し長期にわたって持続しており，始まりは少なくとも青年期か成人期早期にまでさかのぼる。

(4)以上の特徴が他の精神疾患，身体疾患，薬物の作用によるものでない。

　ここに示されているようにパーソナリティ障害は，統合失調症や躁うつ病のような「正常との質的な差異」があるというよりは，一般の人々の平均から著しく離れている，その程度の差が大きい障害である。DSM-5 でパーソナリティの機能障害（impairment）と明確に述べられているように，性格が悪いとか治らないという問題ではないことにも留意したい。パーソナリティ障害は三つの群（タイプ）に分類され，それぞれに臨床的特徴や治療法が異なる（図9-1）。

　アメリカの研究では人口の15％にパーソナリティ障害が認められるという報告があるとともに，反社会性パーソナリティ障害は男性に，境界性，演技性，依存性パーソナリティ障害は女性に多いと言われる。パーソナリティ障害に悩んで治療や心理療法を求めてくるケースは少なく，他の精神障害の合併により治療へと導入されることがほとんどである。

2-2　境界性パーソナリティ障害

　境界性パーソナリティ障害は，対人関係，自己像，感情の不安定性，およびいちじるしい衝動性を特徴とする。リネハン（Linehan, 1993 小野監訳 2007）が

述べているように，その基軸にある障害は感情調節の困難であり，とくに問題なのは安定した対人関係の維持を妨げる怒りとその表出である。また，自分という感覚が乏しく，弱さや嫉妬を自分の心の中ではなく他者のものとして歪曲してとらえる。そのため，人とのかかわり方は理想化とこき下ろしの両極端に揺れ動き，見捨てられ不安が高まると他者操作的になって自己破壊的な行動（過食や浪費など）や自傷行動を繰り返す。こうした感情や行動を向けられた周囲の人たちは，不快になったり怒りを感じたり無力感を抱いたりして，治療チームは強烈な情緒に巻き込まれがちである。

　その特異的なパーソナリティは，3節表9-1にあるように，自己像や自己感覚が不安定で原始的防衛機制が用いられるものの現実検討力は基本的に保たれている（対人的な負荷がかかると一時的に低下するが）。病因としては，成長することに対して葛藤的な親からの分離-個体化の失敗，一貫性のない支配的な養育がもたらした無秩序型（disorganized）アタッチメントの影響，性的虐待をはじめとする幼少期の心的外傷体験などの環境要因が指摘されてきた。近年の家族研究や双生児研究（第8章参照）からは，遺伝的要因の影響が示唆されている。有病率は一般人口の1.8〜4％の間であり，診断を受けた者のうちの3/4は女性とされる。

　心理療法においては，その不安定さと強烈な怒りをはじめとする否定的感情に面接者も巻き込まれやすい。混乱を起こさない単純で予測可能な環境のもと，衝動的な行動への対応のために最低限の制限と枠組みの約束（限界設定）をしておくことが必要である。そして面接関係にもちこまれた，しかしまだ潜伏しているクライエントの陰性感情［陰性転移］を積極的に取り上げ意識化していく作業が重要である。エビデンスの認められる特定の治療法としては，リネハンによる**弁証法的行動療法**（Dialectical Behavior Therapy：DBT）や，ベイトマン（Bateman, A.）とフォナギー（Fonagy, P.）による**メンタライゼーションにもとづく治療**（Mentalization Based Therapy：MBT）などがある。また，心理教育と家族への働きかけ，複数の臨床家がかかわるチーム医療が有効である。

2-3　自己愛性パーソナリティ障害

　自己愛性パーソナリティ障害は，空想や行動の誇大性，賛美されたい欲求，共感の欠如を特徴とする。自己愛を自己尊重（self-regard）ととらえれば，それは自分を肯定的に感じようとする心の働きとして誰の心にも存在しているものである。しかし極端に強い自己への愛は，自分は特別だと誇大的に感じて自己中心的に他者を利用し，認めてもらえないと激しい怒りや無関心で応じることになる。こうした病的な自己愛（自尊心制御の異常・病理）と自己尊重とが質的にどのように違うと考えるかは，拠って立つ発達理論や文化的背景にも影響を受け，概念については現在まで様々な議論がなされてきた。

　自己愛のタイプには，無関心型（傲慢型）と過敏型があり（Gabbard, 1994），前者は周囲を気にしない，傲慢で攻撃的な「送信者であるが受信者ではない」タイプである。後者は，過剰警戒的に周囲を気にかけるタイプであり，そこでは自己愛的な問題はまったく異なった現れ方をする。ギャバード（Gabbard, 1994）は後者の例として，「面接者が椅子の上で体の位置を変えたり，咳払いをするたびに，それを退屈の表れと受け取り，面接者が机上の室内植物の枯葉を取り除いたことを侮辱されたと感じて面接者交替を要求した」を挙げている。誇大性を内に秘めながら，自分がどう振る舞えばよいかの答えを出すためにたえず他者の反応に注意を向けたり，傷つきやすい状況を回避したりしている。

　自己愛的な障害の起源について自己心理学のコフート（Kohut, H.）は，年齢相応の自己顕示性を示したときに両親がそれを認めて称賛によって応じない（共感不全）ことで，自己の断片化と発達停止を起こし，周りの人を分離した存在というよりは自己の満足の源とみなすようになると指摘する。市橋（2018）は，自己愛性パーソナリティ障害の人は，無条件に親から愛されたという記憶がなく，心の奥底には，できなかったらどうしようという不安が渦巻いている，自己防衛から自尊心を肥大させた「自分を好きになれない人」とも述べている。

　自己愛の問題を抱えるクライエントとの心理療法では，誇大感や支配欲を受け入れてもらえないという自己愛的な傷つきが容赦ない怒りとして表現された

ときの，面接者の共感的応答が重要な役割を担う。自分の延長上にあるように
感じている相手（面接者）が思うように反応してくれない傷つきと怒りを，自
己の発達段階の理解をふまえて受け入れていく態度である。前述の例であれば，
他者をどのように感じているかについての理解を伝える：「あなたには，他の
人々を思い通りにでき…むしろあなたの延長として振る舞わせることができる
といった，非現実的な期待があるようですね」，「私が咳払いをしたり，椅子に
座ってせかせかしているとき，私があなたに精一杯の注意を向けていないと感
じるので，それであなたを傷つけてしまうようですね」などの介入が考えられ
る（Gabbard, 1994 pp. 110-111）。なお過敏型では，面接者は情緒交流の乏しさ
が続く退屈さに加え，支配されているという感覚をもつことが多い。

3　力動論からみたパーソナリティの構造と病理

3-1　力動的観点によるとらえ方

　クライエントのパーソナリティ構造の理解とそれをふまえた支援方針を立て
る際に力動的観点は役に立つ。**力動的観点**（dynamic point of view）では，意識
的にはコントロールできない無意識における心の働きを重視し，人間の行動を
いくつかの心的な力の葛藤の妥協形成の結果としてとらえる。心的な力は，一
つの方向性と量とをもち私たちの心の中に存在している。ある欲求とそれを抑
えようとする（あるいは反対の）力が，一つの状況下でぶつかり合い，その葛
藤の解決がある行動，症状や夢，空想などにあらわれる。

　たとえば，誰かをとても羨ましく思って一緒にいたいと願う気持ちと同時に，
羨ましさを抑え込もうとしたり，憎んだり離れたくなったりするという自分で
もよくわからない衝動が出てくるとしよう。否定的なものをもっぱら押し込め
ると，その場ではスムーズなやりとりがなされても，後になってイライラして
自傷をしたり［行動化］，抑うつ的になったり［症状化］，空想や夢にあらわれ
たり，身体化したりする。こういったダイナミックな（力動的な）相互関係に
よって，私たちが生きていくうえで行うことは決定される。行動や症状につい

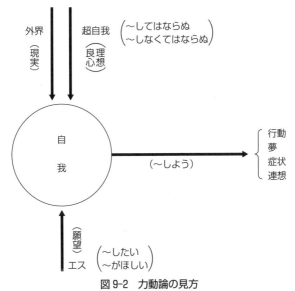

図 9-2　力動論の見方

（注）フロイト（Freud, 1923）は，心の主要な構造をなすもの
として，「エス」（本能的な欲動），「超自我」（両親や身近
な他者の道徳的価値観が内在化されたもの），「自我」（調
整し意志決定をする）からなる構造論モデルを提示した。
（出所）前田（1985）p. 14.

ても，それそのものがいくつかの役割を果たしているととらえ，その人ならで
はの内的葛藤はどういう性質をもつものかと問い，パーソナリティの構造を見
立てていく（図 9-2）。

　力動的観点をもとに精神発達を統合的にとらえたエリクソン（Erikson, 1959）
の**漸成発達図式**（第12章，図 12-2 参照）では，それぞれの発達段階には特有の
心理-社会的危機があり，それを通してパーソナリティが段階的に開かれてい
くことが示されている。グランドプラン（素質）から有機体の各部分が発生し，
それぞれが特別に優勢になるとき，前進か退行かの峠となるような「危機」が
訪れる。それは葛藤の表現形として「対（v.s.）」で示されており，標準的な順
序のもとで取り組まれ，次の葛藤へと構造的な転換を果たして発達していくと
考えられている。

3-2　カンバーグによるパーソナリティ構造論と病態水準

　さて，臨床的な見立てにあたってカンバーグ（Kernberg, 1967）のパーソナリティ構造論をふまえた**病態水準**の把握は重要である。それは，症状にもとづいて疾患を分類（診断）する立場とは異なり，精神発達の段階にもとづいた症状や病像の背景にある精神病理についての力動的な理解である（表9-1）。

　①同一性統合度とは，他者との間での自我境界がはっきりしており，安全で自律的なアイデンティティとして統合されているかどうか，②防衛操作とは，現実状況や内的葛藤がひきおこす不安から心を守る防衛機制のレベルが「分裂（スプリッティング）」など未熟なものか，「抑圧」を基礎とした社会適応的なものなのか，③現実吟味は，実生活上の現実を認知し受けとめ，判断できる能力のことである。精神病水準では，現実と非現実（空想），自己と非自己（他者），内と外の区別があいまいで，いつのまにか両者は混同され，防衛によって不安をやわらげることができず，現実吟味は大きく損なわれている。

　表9-1で「境界例」と示している**境界性パーソナリティ構造**（Borderline

表9-1　カンバーグによる人格構造の区別

	神経症	境界例	精神病
同一性統合度	自己表象と対象表象と境界鮮明		自他境界不鮮明か，どこかに妄想的同一性あり
	統合同一性：自己および他者の矛盾するイメージは統合的概念の中で統合される	同一性拡散：自他の矛盾する諸側面はうまく統合されず，分離したまま残存	
防衛操作	抑圧と高次の防衛：反動形成，隔離，取り消し，合理化，知性化	主として分裂と低次の防衛：原始的理想化，投射性同一視，否認，万能感，価値切り下げ	
	防衛は内的葛藤から本人を守る。解釈は機能を改善する		防衛は本人を不統合，自己 - 対象融合から守る。解釈は退行へ導く
現実吟味	現実吟味能力は維持：自己と非自己の分別，知覚と刺激の外的起源と内的起源を分別		現実吟味の欠如
	自己評価や他者評価の能力は現実的でかつ深い	現実と現実感覚との関係が変転する	

（出所）前田（1985）

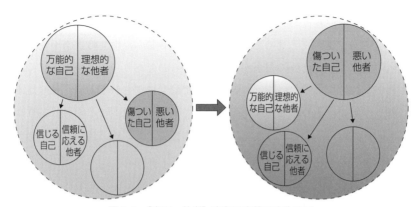

図9-3 ［自己―他者］表象は突然に変化する

Personality Organization：BPO）には，神経症水準と精神病水準の両方の特徴が
あり，パーソナリティの機能水準は一過性に大きく揺れ動く。そうした特徴を
とらえるには，一回の面接でというよりは，生活歴の聴取や，面接におけるか
かわりを含めた対人パターンの把握が，つまり縦断的なプロセスによる力動的
見立てが必要である。以下にBPOの特徴を詳しくみていこう。

　前述の①にあるように，自己と他者についての矛盾する表象（イメージ）は，
統合されずに分裂したまま心の中に残っている。たとえば面接者の一言によっ
て，［万能的な自己―理想的な他者］表象は［傷ついた自己―悪い他者］表象
に支配されるようになり，関係性は急変して罵倒や攻撃が始まる（図9-3）。こ
れは②の防衛操作とも関連し，特定の対人不安の昂(たか)まりによって高次の防衛が
できなくなる。悪いところは一切ないことにして［否認］，すべてがすばらし
いという原始的理想化を強めて心を守ろうとするが［分裂］，それが破綻する
と対象の価値の急激な切り下げが起こる。③も，精神病水準のように現実の判
断力が欠如しているわけではないが，しばしば現実吟味は歪められる。

　こうした特徴をもつBPOは，様々なパーソナリティ障害のベースにみられ
るものである。なお，これはパーソナリティの力動的な「構造」のことであり，
2節で述べた診断名としての「境界性パーソナリティ障害（Borderline
Personality Disorder：BPD）」ではないことに留意されたい。

　以上を不安の性質という点から整理すると，精神病水準の不安は，自分がバラバラになって壊れてしまうという破滅−解体不安，妄想性の迫害不安，呑み込まれ不安によって自分の安全が脅かされるものであり，そこでの体験の質はきわめて具体性をもっている。境界例水準では見捨てられ不安に，神経症水準では抑うつ不安にまつわる内的葛藤に対している。なお，ここでの「抑うつ」は症状・病気ということではなく，寂しさや孤独，罪悪感，悔いなどを感じて相手の安全を気遣う心性のことである。

3-3　病理的な組織化と，経験から学ばない心のあり方

　パーソナリティはその変化を全力で避けるために，ときに高度に組織化された防衛システムを構築する。このことは英国対象関係学派によって臨床的に探索されてきた（Steiner, 1993他）。そうした病理的な組織化［病理構造体］は，あたかも独立した機能をもち，成長を妨げる袋小路をつくり，パーソナリティの残りの部分との関係性において様々な病理現象を起こす。それは倒錯や嗜癖の背景にあり，松木（1996）は「不安の取り扱いに苦しんでいる健康な自己に，即座の倒錯的な満足とともに脅しを与え，（病理）構造体に嗜癖的に依存して従属してしまうようになる」と述べている。たとえば，摂食障害の人たちはパーソナリティの分割を実感しており，「やせ」を追い求める（迫害不安に対する／原始的理想化をする）偽りの自己部分が，彼女らの健康な自己を，痩せている以外には自己を満足させ安定させる道はないと誘い，支配し，脅かしている。治療は，健康な自己と手を結び，やせを希求する自己愛構造体の病理を明らかにすることであり，こうした対応を放置したまま面接の中でいくら洞察めいたことを話しても本質的な改善はない，と指摘する。こうした病理的な組織化は，パーソナリティの発達途上において重要な他者との分離をはじめとする苦痛な現実に直面することを避けるために硬直化してきたものであり，満足や快を与えるゆえ，その組織はかたくなである。

　また，ビオン（Bion, 1962）は，経験から学べないあり方について記述している。不確かさに伴う不快や痛みにもちこたえ，真に情緒的に対象とかかわる

体験を通してのパーソナリティの変容が「経験から学ぶこと」である。それに対して，投影によって他者に（空想上）忍び込んで能力を盗み取ったり，対象の表面にくっついて「取り入れ」たり，断片をかき集めて学んだことにしたり，真実を知ろうとしないで幻覚により自己満足的に学ぶなどの偽りのあり方が指摘される。

　心理療法の進展が妨げられるとき，変化に抵抗するパーソナリティ部分の病理的な組織化と，経験から学べないあり方に目を向けることは手がかりとなるだろう。葛藤に直面し，それについて思考し取り組みながらその人らしさを形成していくパーソナリティの健康な側面とともに，病理的な側面とそれの面接関係への現れについてみていくことが大切である。

❖考えてみよう
・パーソナリティ障害の人の治療にあたり，留意すべきことはどのようなことが挙げられるだろうか。
・三つの病態水準（神経症，境界例，精神病）それぞれが対応している不安について，身近な例で考えてみよう。

もっと深く，広く学びたい人への文献紹介

馬場 禮子（2016）．改訂 精神分析的人格理論の基礎──心理療法を始める前に──　岩崎学術出版社
　☞大学院の講義をもとに編まれた本であり，力動的なパーソナリティ理論について臨床例や日常生活の場面を豊富に挙げながら解説している。自我の機能と機制，力動的な発達論，心の病理などが取り上げられている。
松木 邦裕・福井 敏（2009）．パーソナリティ障害の精神分析的アプローチ──病理の理解と分析的対応の実際──　金剛出版
　☞臨床家向け。パーソナリティ障害をどのように位置づけるかという理論編をふまえ，心理療法の実際として8例のパーソナリティ障害事例における取り組み・苦闘が，詳細なかかわりの記述と解説により述べられている。

引用文献

American Psychiatric Association (2013). *Diagnostic and statistical manual of mental disorders* (5th ed.). American Psychiatric Publishing.
（日本精神神経学会（日本語版用語監修）髙橋 三郎・大野 裕（監訳）

(2014). DSM-5 精神疾患の診断・統計マニュアル 医学書院)

Bion, W. R. (1957). Differentiation of the psychotic from the non-psychotic personalities. *International Journal of Psycho-Analysis, 38*, 266-275.
（ビオン, W. R. 松木 邦裕（監訳）中川 慎一郎（訳）(2007). 精神病パーソナリティの非精神病パーソナリティからの識別 再考：精神病の精神分析論（pp. 52-72） 金剛出版）

Bion, W. R. (1962). *Learning from experience.* London: William Heinemann Medical Books Ltd.
（ビオン, W. R. 福本 修（訳）(1999). 経験から学ぶこと 精神分析の方法I〈セブン・サーヴァンツ〉(pp. 1-116) 法政大学出版局）

Engel, G. L. (1977). The need for a new medical model: A challenge for biomedicine, Science. *New Series, 196*(4286), 129-136.

Erikson, E. (1959). *Identity and the life cycle.* New York: International University Press.
（エリクソン, E. H. 西平 直・中島 由恵（訳）(1991). アイデンティティとライフサイクル 誠信書房）

Freud, S. (1923). *The ego and the id, and other works.*（*The standard edition of the complete psychological works of Sigmund Freud.*）London: Hogarth Press.
（フロイト, S. 道籏 泰三（訳）(2007). 自我とエス フロイト全集18 (pp. 1-62) 岩波書店）

Fromm, E. (1941). *Escape from freedom.* New York: Rinehart.
（フロム, E. 日高 六郎（訳）(1951). 自由からの逃走 東京創元社）

Gabbard, G. O. (1994). *Psychodynamic psychiatry in clinical practice*（*DSM-IV edition*）. Arlington, VA, US: American Psychiatric Association.
（ギャバード, G. O. 舘 哲朗（監訳）(1997). 精神力動的精神医学（3）臨床編：II軸障害——その臨床実践「DSM-IV 版」—— 岩崎学術出版社）

市橋 秀夫（監修）(2018). 自己愛性パーソナリティ障害——正しい理解と治療法—— 大和出版

Kernberg, O. F. (1975). Borderline personality organization. In *Borderline conditions and pathological narcissism.* New York: Jason Aronson.（Original work published 1967）

Linehan, M. M. (1993). *Skills training manual for treating borderline personality disorder.* New York: Guilford Publications.
（リネハン, M. M. 小野 和哉（監訳）(2007). 弁証法的行動療法実践マニュアル——境界性パーソナリティ障害への新しいアプローチ—— 金剛出版）

前田 重治 (1985). 図説臨床精神分析学 誠信書房

松木　邦裕（1996）．対象関係論を学ぶ──クライン派精神分析入門──　岩崎学
　　術出版社

大饗　広之（2012）．〈中心〉のない多元化──アイデンティティー失効からアス
　　ペルガー症候群まで──　柴山　雅俊（編）　解離の病理──自己・世界・時
　　代──（pp. 139-161）　岩崎学術出版社

Steiner, J.（1993）. *Psychic retreats: Pathological organizations in psychotic, neu-
　　rotic and borderline patients by John Steiner.* London: Routledge.
　　（シュタイナー，J.　衣笠　隆幸（監訳）（1997）．こころの退避──精神病・
　　神経症・境界例患者の病理的組織化──　岩崎学術出版社）

第Ⅲ部

自己と感情とパーソナリティ

第10章　自己と感情
──私たちの行動を大きく揺さぶるもの

中 間 玲 子

　妹が2歳後半ころのこと。家の中で探索を楽しんでいた彼女は，音響機器のところで様々なボタンやダイヤルを興味深そうに眺めていた。そして，目の前にあるボタンに触れた。すると，ガチャッとディスクの差し入れ口が飛び出してきた。瞬間，彼女は「あ！」という大きな声とともにこちらを振り返り，固まった。たんに驚いているだけではない，あたかも，何かいけないことをしてしまった……と感じているかのような困惑の表情を浮かべて。

　ここに推測されるような，自分の行為を意識したところから生じる感情は，「自己意識的感情」（self-conscious emotion）と呼ばれる。本章では，自己への意識が介在する，より複雑な感情である自己意識的感情について紹介し，自己意識や自己評価の過程から，そのしくみについて説明する。

1　自己意識的感情

1-1　自己意識的感情の発達

　自分の行為を意識したところから生じる感情は，**自己意識的感情**（self-conscious emotion）と呼ばれる。それは「自己」への意識と深くかかわって生起するものであり，「自己」を客体として対象化する意識の発達によって可能となる。

　ルイス（Lewis, 1995）は，自己意識的感情の発達を図 10-1 のようなモデルによって説明する。まず，私たちは，生後まもなくから，ごく基本的な，**原初**

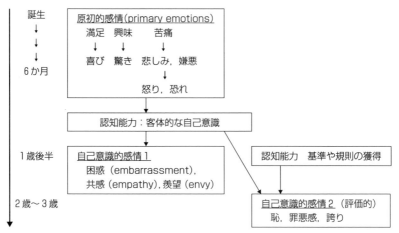

図 10-1　自己意識的感情の発達モデル

（出所）Lewis（1995）

的感情と呼ばれる感情を経験している。やがて自己意識が発達してくると，より複雑な感情が経験されるようになる。自己の行動が他者の目にさらされていることに気づくことで感じられる「困惑」や，自分と他者が区別されているからこそ感じられる「羨望」などである。さらにそこに，自己を評価するための基準（規則，規範，目標など）が獲得されると，それと自身の行動とを照合させることによる「罪悪感」や「恥」などが経験されるようになる。

　鏡像の自己認知による実験結果からは，だいたい2歳ごろに，自己を客体として明確に意識しうるようになること（視覚的にとらえることができるようになること）が知られている（Bertenthal & Fischer, 1978；Harter, 1983；Zazzo, 1993）。さらに，客体としてとらえた自己を内面化された基準によって評価することが可能になるのが2歳から3歳にかけてであることが知られており（Lewis, 1995；Mascolo & Fischer, 1995），自己評価的な自己意識的感情はそのころに成立すると考えられる。なお，自己を客体として意識することに伴うものすべて（図10-1の自己意識的感情1および2）を含めて自己意識的感情と呼ぶことがあるが（Tracy & Robins, 2004など），本章では，そこに**評価過程**が伴った場合のもの（図10-1の自己意識的感情2）にとくに注目して説明する。

1-2　恥と罪悪感との相違

　自己意識的感情の代表的なものとしては，**恥**や**罪悪感**や**誇り**などが挙げられる。恥も罪悪感も，自己が一定の基準に満たないことが意識されるときに感じられる感情であるが，とくに，公の基準を重視するか，個人の内的基準を重視するかで，恥と罪悪感のいずれを感じるかが異なると論じられてきた（Benedict, 1946）。恥は他者から自分の失態を負に評価されることによって感じられる，いわば公の，外の基準による感情であるのに対し，罪悪感は行為主体たる個人が自身の内的基準に従って，自己あるいはその行為を負に評価する感情であるという点で区別されてきたのである。

　しかし，そのような観点から両者を区別するのは難しいことが指摘されるようになった。たとえばタンネイら（Tangney, Niedenthal, Covert, & Barlow, 1998）は，他者が期待している基準にあてはまらないと感じる場合と，自らがこうあるべきとしている基準にあてはまらないと感じる場合について，それぞれがいかなる自己意識的感情と関連するのかを検討した。理論的には，前者の状況は恥を，後者の状況は罪悪感を喚起させると想定された。だが結果は，いずれの状況も恥感情とは関連があり，罪悪感とは関連がないというものであった。

　また，タンネイ（Tangney, 2003）は，個人的な恥と罪悪感，そしてそうした感情を引き出す出来事の記述について社会的文脈に関する体系的な分析を行い，子どもを対象とした場合であっても大人を対象とした場合であっても，恥と罪悪感は他者の面前で同様に経験されがちであり，同じくらい共通して経験されるものであることを報告している。

　ただし，それぞれの感情がどのような行動につながるのか，という点については，いくつかの相違がある（表10-1）。それによると，恥も罪悪感も，同じく自己が基準に満たないことによって生じる自己に対する負の感情ではあるが，罪悪感は人々をポジティブな方向に動機づけるのに対し，恥は不適応的な行動と結びつきやすいことが示されている。

表10-1　恥と罪悪感の異なる特徴

	恥	罪悪感
評価の対象	全体的自己（<u>私は</u>ひどいことをした。）	特定の行動（私はひどい<u>ことをした</u>。）
苦痛の程度	相対的に強い	相対的に弱い
現象的経験	無価値感，無力感	緊張，自責，後悔
自己の操作	観察する自己と観察される自己の分離	自己は統合された状態
自己への影響	全体的な価値低下による自己評価の減損	全体的な価値低下を伴わない
他者への関心	他者による評価への関心	他者への影響に対する関心
動機的側面	否認・隠蔽・逃避への欲求，切り離し・遠ざけ・防衛に向かう行動	告白・贖罪・償いへの欲求，建設的・前向き・未来志向的な行動
共感	他者志向的である共感性が低く，自己志向的である個人的苦痛反応傾向との正の相関	他者志向的である共感性が高く，他者の視点取得や共感的な関心の度合いとの正の相関
怒りや攻撃との関連	怒り・敵意と強い関連があり，悪意のある態度や，直接的な身体的，言語的，象徴的な攻撃や間接的攻撃（相手の何か重要なものを傷つける，相手の背後で陰口をいう），心に抱く攻撃（思弁的で表現されない怒り）との，児童から青年まで一貫した正の相関	怒り処理（anger management）と関連がみられ，怒り処理の前向きな態度と正の相関関係にあり，直接的・間接的な攻撃とは負の相関関係
精神的症状	抑うつ，不安，摂食障害，精神病質などとの正の関連	精神的症状としての抑うつ，不安，低自尊心などの深刻な危険状態との関連がみられない（※）
問題行動	児童期に出来事を恥に帰属させる傾向が高い者は，青年期に犯罪のような社会的な問題行動を行いがち	児童期に出来事を罪悪感に帰属させる傾向が高い者は，青年期に重大な問題行動を行う者が少なかった

（※）ここでの結果は，罪悪感を行動に焦点を当てた感情と定義した場合のものであり，罪悪感を有するパーソナリティ特性としてとらえた場合には，正の関連がみられることが報告されている（有光，2009）。

（出所）Tangney（2003）より筆者作成

2　自己意識的感情の生起機序

2-1　自己意識的感情の過程モデル

トレイシーとロビンス（Tracy & Robins, 2004）は，**感情の認知評価理論**を基盤としながら，自己意識的感情が生起する過程を図 10-2 のようにまとめている。感情の認知評価理論とは，出来事の「認知的評価」によって経験する感情が決まるという考え方である。この理論に従うと，まず，起こった出来事が個人の目標および欲求に，(a)関連するか，(b)一致するものであるか，という点が評価される。その際の目標とは，主に，生存と生殖に関するものである。そして，**生存目標**に関連すると評価された出来事は，恐怖や怒りなどの基本的感情を生起させる。一致していれば喜びが，一致しなければ怒りや悲しみや恐れなどが生起する。

だが，自己意識的感情の機序は，そのような生存や生殖の目的との関連では

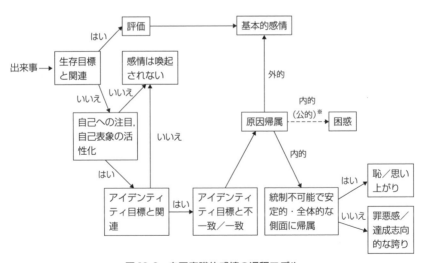

図 10-2　自己意識的感情の過程モデル

（※）困惑が生じるには，公的自己表象（他者から見られる自分）の活性化が不可欠であるとされる。

（出所）Tracy & Robins（2004）p. 110, Figure 1

説明しきれない。トレイシーらによると，自己意識的感情の場合は，自己のあり方，つまりは**アイデンティティ目標**との関連および一致が重要となる。そこで，原因帰属と感情の理論，認知的評価と感情の理論，自己意識的感情の先行要因，自己評価過程を背景に過程モデルが構築された（図10-2）。このモデルによると，自己意識的感情の機序を，以下のように理解することができる。

①生存目標に関連しない場合，アイデンティティ目標に関連する場合を除いて，感情は生じない。

②生存目標に関連しないと評価された出来事において，その出来事に関連した**自己表象**が活性化された場合，さらにその出来事がその人のアイデンティティ目標と関連するという評価，つまり，その人が何者であるかに関連するという評価がなされた場合，自己意識的感情が生じる。その際には，出来事についての内的帰属（なぜそのような結果になったのかについて，能力や努力，パーソナリティなど，個人の内的な要素に起因していると考えること）も必要となる。

③肯定的な自己意識的感情（誇り）は，アイデンティティ目標に一致するという評価によって生じ，否定的な自己意識的感情（恥，罪悪感，困惑）は，アイデンティティ目標に不一致であるという評価によって生じる。

ときに，生存目標とアイデンティティ目標とは拮抗することがある。命を賭しても自身のプライドを守ろうとする行動は，自己意識的感情に動機づけられた行動である。

2-2　自己意識的感情における「自己意識」

ここでもう一度，自己意識的感情における「自己意識」とは何かを確認しておこう。自己意識的感情は，自己へと意識が向けられているときに生じる感情であるが，自己に意識を向けることによってつねに自己意識的感情が生じるわけではない。たとえばドアに頭をぶつけたとき，それまでとくに注意を向けていなかった「自分の頭」の存在を強烈に意識することになるだろう。だが，そこから「自己」に対して何らかの感情が生じるとは限らない。ドアに文句を言うような場合は，意識は即座に自己以外のものへと向けられ，自己意識的感情

は生じない。「頭が痛い」と思い続けている場合であっても，その頭を「有する」自分自身に対する意識が生じないと，自己意識的感情は起こらない。自己意識的感情は，自分の注意不足を嘆くなど，行動する主体である自己自身へと意識が向かう，つまり，「**主体としての自己**」が「**客体としての自己**」をとらえる**再帰的な自己意識**に伴って生じる感情である。

　そのような自己意識は，いくつかの心理的変化をもたらすことが知られている（Duval & Wicklund, 1972）。まず「**感情の強化**」が生じる。生理的変化や暑さ・寒さなどの身体感覚，気分や動機などの内的感覚，空想や自己評価などの思考内容，いずれであっても，それに注意を向けると，それらに伴う感情がより鮮明に感じられるようになるのである。その結果，ポジティブなものはよりポジティブに，ネガティブなものはよりネガティブに感じられる。

　また，その自己に関する評価基準を有している場合には，現実の自己と理想的な基準（standard）との比較を行う**自己評価的な認知活動**が開始される。多くの場合，現実の自己はそこで比較される要求水準に届いていないと査定されるため，否定的感情が生じる。ただし，自己意識的感情が生じる過程では，まずは，それを生じさせる出来事が先行して起こっている。そのため，生じる自己意識的感情が肯定的なものか否定的なものかは，その出来事の内容との関連によると思われる。

2-3　恥および罪悪感へと至る認知過程

　自己表象が何らかの事象によって活性化されたとして，そこから結果的にどのような自己意識的感情が生起するかは，出来事の原因をどのようにとらえるか，すなわち**原因帰属**の様式によって異なる。原因帰属とは，何かの結果を伴う出来事が生じた際に，その結果が何によって生じたものであるのか，その原因について推論することである。たとえば学校のテストの点が悪かったとき，その原因を自分の能力不足によるものと考える者もあれば，今回はテストの問題が難しかったからだと考える者もある。そのように原因帰属の仕方には個人差がある。

表10-2　ワイナーによる原因帰属

	内的		外的	
	安定	不安定	安定	不安定
統制不可能	能力	気分・体調	課題の困難さ	運
統制可能	普段の努力	一時的な努力	教師の偏り	他人の異例の援助

（出所）Weiner（1979）

　ワイナー（Weiner, 1979）は，出来事の要因をどのように考えるかという，原因帰属の様式の個人差を，自分か自分以外であるか（**内的―外的**），さらに，時間や状況を超えて安定した性質のものかそれとも一時的あるいは状況的な，変動しやすい性質のものか（**安定―不安定**），自ら統制可能なものなのかそれとも意図とは無関係のものなのか（**統制可能―不可能**），の次元によって整理した（表10-2）。そしてそのいずれに原因を帰属するかによって，その後の自己への期待や生起する感情が異なるとした。

　自己意識的感情が生じる場合も同様である。生じた出来事が否定的な事象であった場合，その事態をもたらした自身の行動と，それによって何らかの被害を受ける他者の存在への意識が喚起される場合には罪悪感が生じる。そして，罪悪感を感じた者は，その行為を禁止・抑制しようと動機づけられる。それに対し，その出来事から否定的事象を生じさせた行動（たとえば「忘れ物をしてしまった」）のみならず，行動を起こした主体全体を結びつけてしまうような場合（たとえば，「忘れ物をするなんて，私には注意力が足りない」）には，自身の内面や人格を否定的にとらえることにつながり，恥の感情が生じる。行為主体そのものの否定による恥感情は，行動全体を妨げられることにもつながる。

　なお，どのような感情が生起するかを考える場合，これに加えて責任や意図性に関する観点も重要になる。たとえば，内的に帰属されながらも責任が自己に帰されない場合（手渡したスープ皿を相手が受け取りそこねてスープがこぼれてしまった場合など）などは，自己意識的感情とは別の感情が生じる（Tracy & Robins, 2004）。

3　自己評価の過程

3-1　社会的比較過程

　自己意識的感情の生起には，自己への評価過程が含まれる。では，自己評価はいかになされているのだろうか。

　まず，私たちは日常生活において，自己評価をたえず行っている。社会に適応して人が生きていくには，自分自身や自分のおかれた状態・環境をよく知っておくことが大切であるため，私たちは，明確な自己評価をしようとする傾向を有しているのだと考えられている。そのような行為を，**社会的比較**という（Festinger, 1954）。自分の態度や判断を決めかねているときや，それに自信が持てないときには，他者がどのように考えるのかを参考にすることで，自分の行動の妥当性を判断することもあるだろう。自分がその社会で正しくふるまっているか否か，漠然とした社会的規範と照合しながら，私たちはその場でのふるまいを決定している。

　また，自己評価は現在の自分を理解するためにも必要である。子どものころから，背の順に並ぶ，かけっこをするなど，私たちは同世代の他の子たちとの比較の中で，自分の特徴をとらえてきた。

　意見や態度について社会的比較がなされる場合，何が正しいのかの答えがないものも少なくない。そんなとき，自分の意見や態度を他者の意見や態度と比べて，その一致の程度から正しさを判断するということがなされる。一致していれば，自分の意見や態度は「正しい」，かけ離れていれば「何かおかしい」と思うのである。他の多くの人との一致の程度から得られるこのような基準は「**社会的真実**」と呼ばれる。なお，この場合，比較対象となる他者は誰でもいいわけではなく，自身と類似している人が選ばれる。その方が，より参考になるような，自己評価を安定させるような比較が可能になるからである。

　それに対し，能力について社会的比較がなされる場合は，類似した他者との比較によって自分の能力を正確にとらえようとする過程とともに，より自分を

高めようとして，自分より上位にある他者と比較したり（上方比較），自分の優越性を感じようとして自分より下位にある他者と比較したりする（下方比較）過程が生じることが想定される。能力が「高いほどよい」という価値観が共有されている文化においては，他者と同じであることよりも，それを高め，他者をしのごうとする作用が働くからである。

　私たちの自己評価には，このような社会的比較過程が介在している。

3-2　自己評価の個別性と全体性

　社会的比較によってとらえた自己の特徴に対し，私たちは，自己価値に関する内的基準にもとづいて評価を行っている。内的基準は，その人が幼いころから生活の中で経験し，内面化されてきたルールやマナーや習慣，そして，それらをもとにしながら形成されてきた個人の良心や価値観などからなる。同時に，そこには個人の願望も影響していると考えられており，個人が自分に対して何を望んでいるのか（願望，理想）が主軸となることが知られている（中間，2016）。その基準による評価を経て，肯定的あるいは否定的感情が喚起される。

　ただし，その基準による価値評価の対象とならない自己については，とくに自己評価的な感情は生じない。出来事の生起に伴って表象化される個別の自己が，どの程度，個人にとって重要な自己価値の基準にかかわるものであるかによって，自己意識的感情が喚起される程度や，その後の行動の仕方が異なると考えられている。

　この個別の自己における重要性の差異は，それが全体的な自己評価に対してどの程度の影響力をもつものであるかという点に反映される。

　ハーター（Harter, 1993）は，学業に関する事柄，運動能力に関する事柄，人間関係に関する事柄，道徳心に関する事柄など，様々な側面においてとらえた自己についての個別の評価（個別の自己に対する評価）と，それらを含んだ全体的なまとまりとしてとらえた自己に対する評価（全体的な自己に対する評価）の関係について，小学5年生を対象に検討を行った。図10-3に示されるように，二人の児童ともに，運動能力や学業成績については，あまりよい自己評価をし

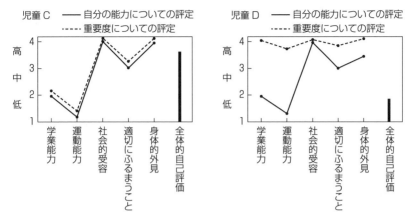

図 10-3　領域ごとの自己概念に対する評価が類似し，全体的自己に対する評価が非常
　　　　に異なる二人の児童のプロフィール

（出所）Harter（1993）p. 89.

ていない。だが児童Cはそれを大した問題としてとらえていないのに対し，児
童Dは自分にとってそのことは重要だと認識していた。そして，児童Cは全体
的自己評価が高いのに児童Dの全体的自己評価は低いものとなっていた。この
結果から，個別の自己に対する評価が同様でも全体的な自己に対する評価が大
きく異なると結論された。

　私たちの自己評価には，個別具体的な自己に対するものもあれば，それらを
総合した全体的な自己に対するものもある。そして，その個別の自己評価と全
体的な自己評価とは，そのまま単純な対応関係にあるわけではないのである。

3-3　自己意識的感情と動機づけ

　自己意識的感情は，その時々の周囲からの注意や評価などに応じて，自己の
社会的行動を調整するとされる。課題達成場面であれば，それに向けてがんば
るように，人間関係場面であれば，道徳的で，社会的に望ましい行動をとるよ
うに，自らを動機づけるという具合である。

　ただし，どのような場合でも，そのような影響が見られるというわけではな
い。その出来事との関連によってとらえられる自己が，個人のアイデンティテ

ィにとって重要なものである場合に自己意識的感情は喚起され，そのような動機づけへと結びつく。これは前項までに見てきた，個人にとって重要な自己価値の基準にかかわる場合であるか否かということである。

　たとえば，二人の中学生Aさん，Bさんを想像してみよう。今回のテストは二人ともよい成績をとることができなかった。Aさんはそのことに落ち込み，これまでよりも自宅で勉強したり，先生に質問したりするようになった。Bさんはさほど落ち込まず，とくに行動に変化はなかった。AさんにもBさんにも，よい成績をとりたい気持ちはあった。だが，よい成績をとれなかったという出来事がどのくらい重要なこととして認知されたかという点において，二人の間には違いがあった。Aさんにとってそれは，自分の価値を下げるような出来事，あるいはこれからの人生選択に影響するような出来事であったのに対し，Bさんにとってはそうでもなかった。その違いが，自己意識的感情の生起の違いに，ひいてはその後の行動の違いにつながったのである。

　自己評価過程や，その過程の影響を受ける自己意識的感情には，このような個人の認知的構えのようなものも作用している。自己意識的感情を喚起させる出来事とは，個人にとって重要な自己表象が活性化された場合である。ある出来事が個人にとって非常に意味ある経験になるとき，そこには自己意識的感情の経験が伴っている。

❖考えてみよう
・ささいな出来事なのに，大きな失敗だと感じて落ち込んでしまうような場合，心の中でどのようなメカニズムが進行した結果と推測されるだろうか。
・「ほめる」ことが大事と言われるが，闇雲にほめてもかえって相手を不快にさせることがある。どのようなことに注意を払うべきだろうか。

📖 もっと深く，広く学びたい人への文献紹介
　有光　興記・菊池　章夫（編著）（2009）．自己意識的感情の心理学　北大路書房
　　　☞感情研究における自己意識的感情の位置づけや，本章で取り上げていない
　　　　自己意識的感情などについても広く扱われている。
　中村　陽吉（編）（1990）．「自己過程」の社会心理学　東京大学出版会

☞自分が自分に注意を向け，意識し，評価し，さらにその自分を表現する，それぞれの諸過程についての研究が紹介されている本。

引用文献

有光 興紀 (2009). パーソナリティ心理学の立場から　有光 興紀・菊池 章夫 (編著) 自己意識的感情の心理学 (pp. 210-230)　北大路書房

Benedict, R. (1946). *The chrysanthemum and the sword*. Boston: Houghton Mifflin.

(ベネディクト, R.　長谷川 松治 (訳) (1972). 菊と刀——日本文化の型 —— 社会思想社)

Bertenthal, B. I., & Fischer, K. W. (1978). Development of self-recognition in the infant. *Developmental Psychology, 14*, 44-50.

Duval, S., & Wicklund, R. A. (1972). *A theory of objective self awareness*. New York: Academic Press.

Festinger, L. (1954). A theory of social comparison processes. *Human Relations, 7*, 117-140.

Harter, S. (1983). Developmental perspectives on the self-system. In P. H. Mussen (Ed.), *Handbook of Child Psychology*. vol. 4 (pp. 275-385). New York: John Wiley.

Harter, S. (1993). Causes and consequences of low self-esteem in children and adolescents. In R. F. Baumeister (Ed.), *Self-esteem: The puzzle of low self-regard* (pp. 87-116). New York: Plenum Press.

Lewis, M. (1995). *Shame: The exposed self*. New York, NY: Free Press.

(ルイス, M.　高橋 惠子 (監訳) (1997). 恥の心理学——傷つく自己—— ミネルヴァ書房)

Mascolo, M. F., & Fischer, K. W. (1995). Developmental transformations in appraisals for pride, shame, and guilt. In J. P. Tangney & K. W. Fischer (Eds.), *Self-conscious emotions: The psychology of shame, guilt, embarrassment, and pride* (pp. 64-113). New York: Guilford Press.

中間 玲子 (編) (2016). 自尊感情の心理学——理解を深める「取扱説明書」 —— 金子書房

Tangney, J. P. (2003). Self-relevant emotions. In M. R. Leary & J. P. Tangney (Eds.), *Handbook of self and identity* (pp. 384-400). New York: The Guilford Press.

Tangney, J. P., Niedenthal, P. M., Covert, M. V., & Barlow, D. H. (1998). Are shame and guilt related to distinct self-discrepancies? A test of Higgins's (1987) hypotheses. *Journal of Personality and Social Psychology, 75*, 256-

268.

Tracy, J. L., & Robins, R. W. (2004). Putting the self into self-conscious emotions: A theoretical model. *Psychological Inquiry, 15,* 103-125.

Weiner, B. (1979). A theory of motivation for some classroom experiences. *Journal of Educational Psychology, 71,* 3-25.

Zazzo, R. (1993). *Reflets de miroir et autres doubles.* Paris: Pressess Universitaires de France.
（ザゾ，R.　加藤 義信（訳）(1999).　鏡の心理学──自己像の発達──　ミネルヴァ書房）

第11章 自己と認知
——私たちは世界をどうとらえているのか

中間玲子

> 　誰かを理解しようとするとき，その人が世界をどのようにとらえ，どのように解釈しているのか，といったその人の内的世界を理解しようとする試みは非常に重要となる。私たちは，誰もがそれぞれに固有のものの見方や世界のとらえ方をしている，独自の世界観をもつ個別の存在だからである。
>
> 　私たちがそれぞれ独自の存在として実現されているということについて，心理学では「自己」という構成概念を設定して検討してきた。本章では，「自己」への関心がどのように発展し，また，その概念に対する理解がどのように展開しているのかを紹介する。

1　認知的枠組みとしての自己

1-1　知覚体制としての自己概念

　私たちは，同じ時間に同じ場所にいたとしても，その世界を同じように経験しているわけではない。このことを説明するために，コームズとスニッグ（Combs & Snygg, 1959）は，**自己概念**（self-concept）を取り上げた。彼らは人間の知覚における個人の主観のはたらきを重視する立場に依拠しており，人にはそれぞれの知覚の世界があると考える。その主観の中核にあり，その人自身が自己として知覚するものを**現象的自己**（phenomenal self），その中でも，主体の行動に影響を与える重要なものが，自己概念とされる。

　この考え方を踏襲し，自己概念を鍵に，心理療法におけるクライエントの変

図 11-1　成功したセラピー過程における全体的パーソナリティの変化

（注）全体的パーソナリティを，自己概念（左円）と経験（右円）との関係で描いたものである。第Ⅰ領域では経験が自己概念と一致しており，第Ⅱ領域では経験が歪められ，第Ⅲ領域では経験が否認されている。それぞれの円の中にあるアルファベットは，いろいろな経験の要素である。左側は自己概念と経験との間の不一致が大きい心理的不適応の状態，右側は比較的不一致が小さい心理的に適応している状態を示している。なお，ロジャーズ（Rogers, 1951）ではこの説明に際して自己概念を有する主体について論じるために「自己構造」という言葉を用いているがここでは「自己概念」という言葉で説明する書き方をした。

（出所）Rogers（1951）pp. 526-527.

容を論じたのがロジャーズ（Rogers, 1951）である。ロジャーズは，セラピーを通して生じるパーソナリティの変化を，自己概念の変化として測定した。具体的には，個人が自分自身こうありたいと思っているところの自己概念を**理想自己**（ideal self），実際の自分に関する自己概念を**現実自己**（actual self）とし，両者の類似度と適応との関係を，セラピー前，セラピー中，セラピー後の3時点で検討した。その結果，セラピーの過程を経るにしたがい両者の関連（正の相関）が強まるという結果が得られた（図 11-1）。この結果は，経験を自己概念に統合することができずに苦しんでいたクライエントが，セラピーが進む中で次第にそれらを知覚できるようになったこと，それによってクライエントの自己概念が，以前には自己と一致しなかったような特質も含むものとして再体制化されたことを反映したものと考えられた。

　ロジャーズの自己概念研究を受けて，自己概念と適応や成功など，行動との関連を明らかにする研究が盛んになされた。そこであらためて示されたのは，自己概念が，世界に向き合う際の個人独自の認知的枠組みになっているということであった。そこから導かれるのは，私たちの自己は**経験**を通して形成されるのであるが，その経験自体が，個人固有の枠組みによって選択されたものと

なっているということである。たとえば，私たちは人が自分をどう見ているのかを参照しながら自己への理解を形成するのだが，その際私たちが参考にするのは，実際に他者が自分をどう見ているかではない。参考にするのは，自分に対する他者の見方を自身の認知的枠組みによって推測してとらえた内容であり，それが，自己概念と深く関連するのである。すなわち，自己概念がいったん形成されると，その後の自己形成の過程は，自己概念の影響を受けながら進まざるをえないのである。

1-2　認知構造としてのセルフ・スキーマ

　自己概念研究で提出された経験を認知する過程における自己の作用は，マーカス（Markus, H.）の**セルフ・スキーマ**の概念によって検討が進んだ。セルフ・スキーマとは個人内に想定される自己についての認知構造，平たく言えば，その人が過去の経験を通して蓄積してきた，自己に関連する情報のまとまりである。セルフ・スキーマは，個人が経験の中から自分に関連する情報をどのように取り入れていくか，また取り入れた情報をどうまとめていくかの過程を導く役割を果たすと考えられている。

　マーカス（Markus, 1977）では，依存性―独立性という特性次元について，その軸で自分をとらえる枠組みをもつ人とそうでない人，つまり，その次元に関するセルフ・スキーマをもつ人とそうでない人の情報処理過程が比較された。まず実験参加者たちは，依存性―独立性のセルフ・スキーマに関する質問紙に回答し，独立スキーマをもつ者（独立群），依存スキーマをもつ者（依存群），いずれにもあてはまらない者（スキーマなし群）に分けられた。その後，スライドに呈示される全部で69個の特性形容詞（回答練習用の9語，"独立的な"，"個人主義的な"，"大志のある"，"自信のある"などの独立スキーマ関連語15語，"依存的な"，"協力的な"，"如才ない"，"寛容な"などの依存スキーマ関連語15語，比較のために用いられた創造性に関する語30語）について，それぞれ自分にどの程度あてはまるかを回答した。

　その結果，特性語に対する反応とセルフ・スキーマとの間に深い関連が認め

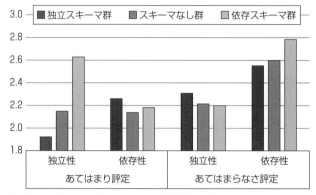

図11-2　独立性─依存性次元の特性語に対して，"自分にあては
　　　　まるか"あるいは"自分にあてはまらないか"を評定す
　　　　る際の反応時間
（出所）Markus（1977）

られた。まず，当然ながら，依存スキーマを有する人は依存スキーマ関連語を，
独立スキーマを有する人は独立スキーマ関連語を，より自分にあてはまると回
答していた。興味深いのは，そのときの判断時間に差があったことである。自
分の有するセルフ・スキーマ関連語については，より早く反応する傾向が見ら
れた（図11-2）。また，自分の過去の行動を振り返る際においても，自分の将
来の行動を予測する際においても，依存群・独立群ともに，セルフ・スキーマ
に合致する事例を多く挙げていた。

　ここから，セルフ・スキーマに合致する情報はすばやく認知されること，セ
ルフ・スキーマに合致する経験は容易に再生されること，また，将来の行動の
予測に対する認知もセルフ・スキーマによって規定されていると考えられた。
それは他人を見るときも同様で，あまりよく知らない相手については，その人
を自分の有するセルフ・スキーマに，より関連する人物であると見なすことな
ども同時に報告された。

　これらの結果が示すのは，人は，自分の有するセルフ・スキーマに合致する
情報についてより敏感に反応する，あるいは，他者を，自分の有するセルフ・
スキーマの次元にのせてとらえる傾向がある，ということである。ちなみに，

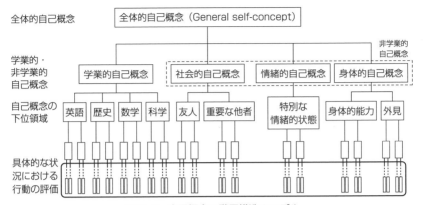

図 11-3　自己概念の階層構造のモデル

(出所) Shavelson, Hubner, & Stanton (1976) p. 413, Figure 1

虚偽の情報（客観的事実とは異なる歪んだフィードバックなど）から作られたセルフ・スキーマの場合も，同様に作用する。

1-3　自己は一つか複数か

　自己概念の構造を検討する研究では，個別の自己概念と全体としてのまとまりについての検討が進んだ（第10章も参照）。たとえばシェイベルソンら（Shavelson, Hubner, & Stanton, 1976）は，自己概念に関する諸研究を概観し，自己概念の構造に関する仮説を多次元的な階層モデルとして示した（図11-3）。自己概念は多次元的で，多くの自己が階層構造をなすものであるとする見方は広く共有されており，自己概念の構造のしくみや個別の自己同士の関連の仕方などについてはその後も様々な議論が展開されている（Bracken, 1996）。

　一方で，自己の構造を単一で統合されたものとするのではなく，それを多数的・多面的なものとする見解も古くから存在する（金川，2012）。たとえばサービン（Sarbin, T. R.）は，社会的役割に即した，けっして単一で統合されない，多くの**経験的自己**（empirical selves）からなるものとして自己をとらえた。また，ガーゲン（Gergen, K.）は，人は多くの矛盾や葛藤を抱えた関係性の中で生きており，この関係性の観点から見れば，人の自己はけっして単一で統合さ

れたものとはならないと論じた。ガーゲンは後に，単一のまとまりをもたない**多元的自己**が共存するものとして自己をとらえる**飽和的自己**（the saturated self）という見方を提起している（Gergen, 1991）。この視点に立つと，様々な自己を抱え，それらのまとまりを感じないままで，それでもその人としてのまとまった存在を生きている様をとらえることが可能になる。

　溝上（2008）は，この視点の有効性を，現代社会との関係性において論じている。新しいあるいはマイノリティの価値・役割・コミュニティ等が次々と生まれ，伝統的な価値や役割等が相対化されるような社会状況，総じて社会が細分化していくことを特徴とするような社会状況においては，一つの価値に統合された適応様式よりも，価値や役割の異なる社会的環境からの要請に次々と応じることが可能な適応様式が有効となろう。そのような状況下では，多様な要請にその都度適応できる自己であることが求められるため，一貫性を保つことが難しい。結果として，人の自己は多元的なものとならざるを得ない。そのような場合，個別の自己の様相を個別のままに見ることや，個別の自己間の相互関連性の様相を検討することなども，自己をとらえる重要な視点となろう。

2　自己についての様々な認知が行動に及ぼす影響

2-1　可能自己とは

　私たちが対象化する自己は，自分が現在，実際にどうであるかという「現実の自己」だけではない。こうありたい自己やあるべき自己，あるいは，過去や未来における自己，他者から見られている自己など，様々なものが想定される。そのような自己についてのイメージを認知することも，私たちの行動に大きく影響する（中間，2007）。

　マーカスは，そのような想定しうる自己を総称して**可能自己**（possible selves）と呼んだ。私たちが自己を意識するときには，現実の自己概念とともに，それに関連した可能自己の表象も活性化されており，それら自己の表象間で相互作用が展開され，現実場面での行動が方向づけられるという。

**図 11-4　効果的な行動（effective performance）の遂行における，
　　　　能力，セルフスキーマ，および可能自己の関連についての仮
　　　　説的モデル**

（出所）Cross & Markus（1994）p. 425.

　クロスとマーカス（Cross & Markus, 1994）は，個人がある領域について知識
をもち，その領域のスキーマが活性化すると，それに関連した可能自己も活性
化し，そこから，課題に関連した思考や行動へとつながり，現実場面での行動
が遂行されるというモデルを仮定している（図 11-4）。

2-2　自己不一致理論

　可能自己には様々な種類のものが挙げられるが，どのような可能自己が活性
化されるかによって，生起する感情が異なってくると考えられている。
　ヒギンズ（Higgins, 1987）は，活性化される可能自己と現実自己との関係性
によっていかなる感情が動機づけられるかを**自己不一致理論**としてまとめた。
そこでは，(a)実際の自己はどのようであるか（**現実自己**），こうありたいと思
う自己とはどのようなものか（**理想自己**），こうあらねばならない・あるべき
だと思う自己とはどのようなものか（**義務自己**），という各次元の自己が，(b)
自己の視点および自分にとって重要な他者の視点それぞれからどのようにとら
えられているのか（自己視点あるいは他者視点），という点でそれぞれ区別され，
それら六つの自己間の関係がもたらす心理的作用が検討された。具体的には，
自己視点によってとらえられた現実自己（以下，「自己視点-現実自己」のように
表記する）の評定と，(1)自己視点-理想自己，(2)他者視点-理想自己，(3)自己視

表 11-1　様々な観点からとらえた自己の不一致と関連する感情や状態

自己の不一致	理想自己あるいは義務自己をとらえる視点	
	自分自身の視点	重要な他者の視点
現実自己―理想自己	失望感，不満足感，非難されるべきだという気持ち，何にも興味がもてない感じ，効力感のなさ，効力感や自己充実感の欠如から来る落胆	誇らしさの欠如感，自己や目標の確かさの欠如，寂しい感じ，憂鬱な感じ，何にも興味がもてない感じ，社会的な愛情や尊重の喪失を知覚あるいは予測することから来る落胆
現実自己―義務自己	無価値感，罪悪感のなさ，つねにイライラした感じ，活力の低下や失速感，何事にも興味がわからない感じ，すべては努力だという思い，自己批判による落ち着かなさ	恐怖やパニック発作に苦しむこと，理由なく急に恐怖を感じること，他のことが考えられなくなるような，とりつかれたような感じ，恥，恐怖や恐れによる落ち着かなさ

（出所）Higgins（1987）より筆者作成

点-義務自己，⑷他者視点-義務自己，とのそれぞれの不一致が，どのような感情や一般的な状況と関連するのかが検討された。

　その結果，それぞれの不一致は，異なる感情や状態と関連することが示された（表 11-1）。とくに，どの視点によってとらえられたかによる差異よりも，理想自己との不一致か，義務自己との不一致かによる違いが顕著に示された。理想自己と現実自己との不一致は，落胆や落ち込みといった，活力の低下と結びつくような否定的感情と関連する一方，義務自己と現実自己との不一致は，イライラやパニックなど，何かに駆り立てられるような否定的感情と関連するとされた。このような知見は，自己への否定的感情の背後に，いかなる自己認知が作用しているのかをとらえる手がかりになるかもしれない。

3　文化と自己

3-1　文化による心理過程の違い

　マーカスとキタヤマの「**文化的自己観**」の提出は，それまでの自己研究における前提に再考を促した（Markus & Kitayama, 1991）。文化的自己観の概念は，そもそも，個人が自己というものをいかなるものととらえているのかというこ

との差異を抽出するものであり，それによって社会的行動の文化的差異を明らかにしようとする動きが広まった。

　たとえばアメリカには「きしむ車輪は油をさされる（"The squeaky wheel gets the grease."）」（はっきりと自己主張をすれば，きちんと見返りを得ることができるという意味）ということわざがあるのに対し，日本には，「出る杭は打たれる」（才能・手腕があってぬきんでている人はとにかく人から憎まれる，差し出たことをする人は人から非難されるという意味）ということわざがある。ことわざには先人の知恵や訓戒が盛り込まれているものだが，この二つのことわざからは，日本とアメリカとで，社会の中で自分というものをどのように表現するべきかについての価値観が真逆のものとなっていることがうかがえる。

　また，しつけにおいて焦点化される事柄や，社会化において求められる行動，生活の中で知らず知らずに学ばれるものの見方なども，その相互作用が展開される文化的状況から大きく影響を受けながら形成されると考えられる。

　そのような，暗黙のうちに身につけた文化的価値観は，意識的な善悪の判断だけでなく，自己や他者の行動を知覚したり，それに伴いその行動の意味や意図を推測したりするプロセス，また感情経験のプロセスなど，これまでの心理学研究で明らかにされてきた様々な側面に影響を及ぼすと想定される。

3-2　文化的自己観

　前項で述べたような文化的差異は，自己認知の過程においても見受けられる。

　カズンズ（Cousins, 1989）によると，20答法（「あなたは誰？」あるいは「私は誰？と考えてみてください」などの教示を示され，それに対する回答として「私は」という書き出しから始まる文を完成させる形式で尋ねる方法）における自己概念の記述をアメリカ人大学生と日本人大学生とで比較した場合，図11-5のような結果となった。すなわち，通常の手続きの場合，日本人大学生は "学生である" など，社会的役割や所属集団などとの関連を用いて自己を記述する割合が高く，アメリカ人大学生は，"正直である" など，その人の特性とされる抽象的な人格特性を回答する割合が高かった。一方で，ある特性の状況（友だちと

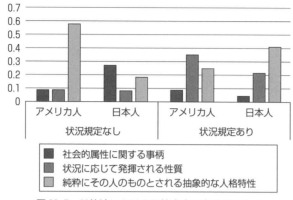

図11-5　20答法における回答内容の出現率の違い
（出所）Cousins（1989）より作成

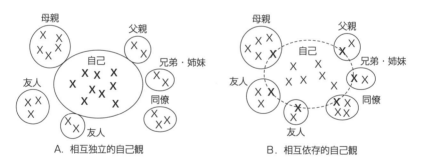

A. 相互独立的自己観　　　　B. 相互依存的自己観
図11-6　代表的な二つの文化的自己観
（注）相互独立的自己観においては，周囲の関係性とは切り離された明確な輪郭をもつ独立した存在として自己がとらえられているのに対し，相互依存的自己観においては，相互作用する他者との関係性を取り込んだ形で自己が規定される。
（出所）Markus & Kitayama（1991）

いるとき，家にいるとき，など）を指定して回答させた場合には，むしろ日本人大学生において抽象的な人格特性の記述が多く見られた。

　この結果からは，自分とは何かをとらえる過程に差異があることがうかがえる。アメリカ人の場合，自分という存在を普遍的に定義しうる，状況や場面，関係性などに関係なく一貫した安定したものとして想定される，自己の性質や特徴をとらえようとするのに対し，日本人の場合，まず社会や他者との関係性において自己を規定しようとするということ，ただし状況や関係性が規定され

ると，それとの関係における自己について，その性質や特徴を明確にとらえるようになるようである，ということである。

　このような自己の文化的差異をとらえる枠組みとして，マーカスとキタヤマは**相互独立的自己観**と**相互依存的自己観**という二つの自己観の特徴を区別した（図 11-6）。前者は，主に西洋文化圏において共有される，自己を，関係性や文脈からは切り離された，重要な性質や属性を有する独立した単一体としてとらえる見方である。後者は，自己を，状況や関係性に依存して規定されるものととらえる見方であり，主に東洋あるいはアジア文化圏において共有されるとする。

3-3　自己の性質についての再考

　文化的自己観という概念により，自己の性質についても再考が促された。たとえば，人間の認知過程では**自己奉仕バイアス**が働くことが知られている。それは，現実を，自分にとって有利な方向へといくらかゆがめてとらえる様々なバイアスである（Taylor, 1989 宮崎訳 1998）。自己を現実よりもよりよい方向へとやや歪めてひいき目に見る，という自己認知のプロセスや，出来事の原因について，よい結果の場合は自分に，悪い結果の場合は自分以外に帰属しがちであるという原因帰属のプロセスなどにおいて観察されるものである。このバイアスは，自己をめぐって普遍的に見られる性質であると考えられていたが，相互依存的自己観が優勢な文化圏では必ずしもそうとはいえないことが指摘された。たとえば日本においては，自分を否定的にとらえたり，成功よりも失敗の原因を自己に帰属したりする傾向が示された（北山・高木・松本, 1995）。自分のことを他の人よりも優れた存在と見る傾向（**自己高揚バイアス**）についても，日本では顕著に見られるとは限らず，むしろ他の人よりも劣った存在と見る自己卑下的な傾向がある。さらにその自己卑下は，自己を否定的に評価するという側面よりも，そこからの自己向上を動機づける作用をもつ側面に注目すべき認知様式であるという解釈もなされている（北山・唐澤, 1995）。

　また，自己のもつ，行動の主体としての性質についても文化的自己観による

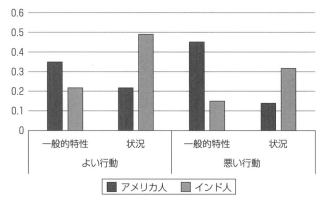

図 11-7　アメリカ人およびインド人における，行動の要因推測の割合
（注）誰か知り合いがやった「いいこと」「悪いこと」を尋ね，その直後
　　に，なぜその人はそのような行動をしたと思うかについて，アメ
　　リカ人とインド人を対象に調査した。そして，その理由として当
　　事者の抽象的人格特性が現れる割合と具体的社会状況が挙げられ
　　る割合を分析した結果，行動の善し悪しに関係なく，アメリカ人
　　の場合は内面に帰属する傾向が示されたが，インド人を対象とし
　　た場合には，むしろ状況の要因を取り上げる傾向が高かった。
（出所）Miller（1984）

差異が指摘されている。これまでの研究では，人が他者の社会的行動の要因を
考えるとき，行為者の内面や心理的属性を想定しがちで，状況的要因は無視さ
れることが多いとされてきた（Ross, 1977）。だがそのような傾向は，たとえば
インド人を対象とした場合には認められなかった（図 11-7；Miller, 1984）。
　これらの研究が示すように，私たちの行動と自己との関係についても，それ
ぞれの文化的影響を加味しながら検討する必要がある。ただし，これら社会的
行動の差異として表れるところが，文化によって形成された心理的プロセス自
体が異なるゆえなのか，それとも，形成される心理的プロセスは文化普遍的で
あるが，行動戦略としてどのように自己を呈示するのかが異なるとするのかに
ついては，議論の分かれるところである（長谷川・山岸，2016）。

❖考えてみよう
・自分がどのようなバイアスを持っているかを知るには，どのような方法が考え
　られるだろうか。

・自分に対して理想を抱いたり，義務を感じたりすることは，自己にとってどのような意味があるだろうか。

・自己高揚や自己卑下は，それぞれどのような役割を果たしているのだろうか。様々な文脈での場合を考えてみよう。

 もっと深く，広く学びたい人への文献紹介

梶田 叡一・溝上 慎一（編）（2012）．自己の心理学を学ぶ人のために　世界思想社

☞これまでの自己についての心理学研究の流れを知るのに適している。それぞれの研究における問題意識の立て方や，アプローチの仕方を学べる。

Hermans, H. J. M., & Kempen, H. J. G. (1993). *The dialogical self: Meaning as movement*. San Diego, CA: Academic Press.

（ハーマンス，H. J. M.・ケンペン，H. K. G.　溝上 慎一・水間 玲子・森岡 正芳（訳）（2006）．対話的自己——デカルト／ジェームズ／ミードを超えて——　新曜社）

☞自己の一元性だけでなく，身体との乖離も問題にした上で，自己を，対話的自己という概念でとらえ直す考え方が提示されている。

梶田 叡一・中間 玲子・佐藤 德（編）（2016）．現代社会の中の自己・アイデンティティ　金子書房

☞現代社会や文化との関係において，人格形成や自己の問題がどのように論じられるかを考えるのに適した本。

引用文献

Bracken, B. A. (1996). *Handbook of self-concept: Developmental, social, and clinical considerations*. New York: John & Wiley.

（ブラッケン，B. A.（編）　梶田 叡一・浅田 匡（監訳）（2009）．自己概念研究ハンドブック　金子書房）

Combs, W., & Snygg, D. (1959). *Individual behavior: A perceptual approach to behavior*. New York: Harper & Row.

（コームズ，W.・スニッグ，D.　友田 不二男（編）　手塚 郁恵（訳）（1970）．人間の行動——行動への知覚的なアプローチ（上）（下）——　岩崎学術出版社）

Cousins, S. D. (1989). Culture and self-perception in Japan and the United States. *Journal of Personality and Social Psychology, 56*, 124-131.

Cross, S. E., & Markus, H. R. (1994). Self-schemas, possible selves, and competent performance. *The Journal of Educational Psychology, 86*, 423-438.

Gergen, K. J. (1991). *The saturated self: Dilemmas of identity in contemporary life*. New York: Basic Books.

長谷川 真理子・山岸 俊男 (2016). きずなと思いやりが日本をダメにする――最新進化学が解き明かす「心と社会」―― 集英社インターナショナル

Higgins, E. T. (1987). Self-discrepancy: A theory relating self and affect. *Psychological Review, 94,* 319-340.

金川 智惠 (2012). 社会心理学における自己論の流れ 梶田 叡一・溝上 慎一 (編) 自己の心理学を学ぶ人のために (pp. 4-24) 世界思想社

北山 忍・唐澤 真弓 (1995). 自己――文化心理学的視座―― 実験社会心理学研究, *35,* 133-163.

北山 忍・高木 浩人・松本 寿弥 (1995). 成功と失敗の起因――日本的自己の文化心理学―― 心理学評論, *38,* 247-280.

Markus, H. (1977). Self-schemata and processing information about the self. *Journal of Personality and Social Psychology, 35,* 63-78.

Markus, H. R., & Kitayama, S. (1991). Culture and the self: Implications for cognition, emotion and motivation. *Psychological Review, 98,* 224-253.

Miller, J. G. (1984). Culture and the development of everyday social explain. *Journal of Personality and Social Psychology, 46,* 961-978.

溝上 慎一 (2008). 自己形成の心理学――他者の森をかけ抜けて自己になる―― 世界思想社

中間玲子 (2007). 自己形成の心理学 風間書房

Rogers, C. R. (1951). *Client-centered therapy: Its current practice, implications and theory*. Boston: Houghton Mifflin.

Ross, L. D. (1977). The intuitive psychologist and his shortcomings: Distortion sin the attribution process. *Advances in Experimental Social Psychology, 10,* 173-220.

Shavelson, B. J., Hubner, J. J., & Stanton, G. C. (1976). Self-concept: varidation of construct interpretations. *Review of Educational Research, 46,* 407-441.

Taylor, S. E. (1989). *Positive illusions: Creative self-deception and the healthy mind*. New York: Basic Books.
（テイラー, E. 宮崎 茂子 (訳) (1998). それでも人は, 楽天的な方がいい――ポジティブ・マインドと自己説得の心理学―― 日本教文社）

第12章　自己とパーソナリティ
——健康なパーソナリティとは何か

中 間 玲 子

> 自己やパーソナリティに関する心理学研究は，適応や精神的健康の問題と大きく結びついて発展してきた。実証的な心理学研究の領域では，これまでに二度，"健康なパーソナリティ"に焦点を当てた研究をすべきだという大きな気運の高まりがあった。一度目は，1950年代，第二次世界大戦が終わったころにはじまる人間性心理学の隆盛，二度目は2000年前後にはじまるポジティブ心理学の盛り上がりである。また，精神分析の流れを汲む人格理論においても，各理論家が健康な人格についての論考を展開してきた。ここでは，健康なパーソナリティをめぐる議論を紹介する。

1　健康なパーソナリティとは何か

1-1　自己実現

　健康なパーソナリティをめぐる議論において人間の重要な性質の一つとして想定されているのは，人間とは"自己実現する存在である"という考え方である。**自己実現**の概念をもっとも明確に取り出し，みずからの心理学理論の中心概念として展開したマズロー（Maslow, A.）によると，自己実現とは，自分が本来なるべき姿になることを実現しようと，自身の本来の能力を発展・発見し，自身に実在／潜在している能力を発展させていく過程のことを指す。人が，自らの才能や能力や可能性を十分に使用し，開発していくことができているとき，自己実現できていると表現される。なお，マズローは，人間の性質には，博愛，

169

友愛，創造性，成長など，人間であることを肯定的に感じることができるような，“光の部分”があることを強調し，主にそこに焦点を当てた議論を展開していた。そのため，ここで想定される“本来の姿”というのも，そのような人間観にもとづく“人間らしさ”を十全に実現できている状態であることが含意される（Maslow, 1954）。

　マズローは，自己実現を人間の欲求のもっとも高次の段階とし，人間の欲求とは，それを頂点とした階層構造として理解できると考えた（図12-1）。その階層構造は**欲求の階層理論**と呼ばれる。その構造の基盤となるところには**生理的欲求**が位置づけられている。生理的欲求は古典的理論（Murray, 1938）においても人間の行動の主たる源泉とされてきたところだが，ここでも，すべての欲求の中でもっとも基礎的で強力なものとされた。ただし，人間は生理的欲求にのみ支配されているのではなく，それが満たされると，他の，より高次の欲求が出現する。マズローはこのように，全生涯を通じてつねに何かを欲し続けるのが人間の特徴であると考えた。その欲求は，**安全の欲求**，**所属と愛の欲求**，**承認の欲求**へと続き，そしてその先に，自己実現の欲求があるというわけである。そしてそれらはときに，生理的欲求よりも優位に立つこともあるという。

　マズローは，これらのうち，承認の欲求までのものを**欠乏欲求**，自己実現の欲求を**成長欲求**として両者を区別した。欠乏欲求は，その存在や欠如が病気の予防や発症と関連づけられるものであり，病気を避けるために満たされなければならないものである。またそれらは，主体以外の人間によって満たされねばならない。それに対して成長欲求は，その欠如によって何らかの問題が生じるような，健康に生きていくために満たされなければならないという性質のものではない。必要であるという理由では説明しきれない，人間性の実現やパーソナリティの完成を目指すような，よりよい存在になろうとする欲求である。マズローは，脅威や攻撃をかわすことと積極的な勝利や達成との間，自己を守り，防ぎ，保持することと，完成，刺激，拡大にいたることとの間，という言葉で両者の区別を表現し，それらの間には実際に臨床上の差異があるとしている。

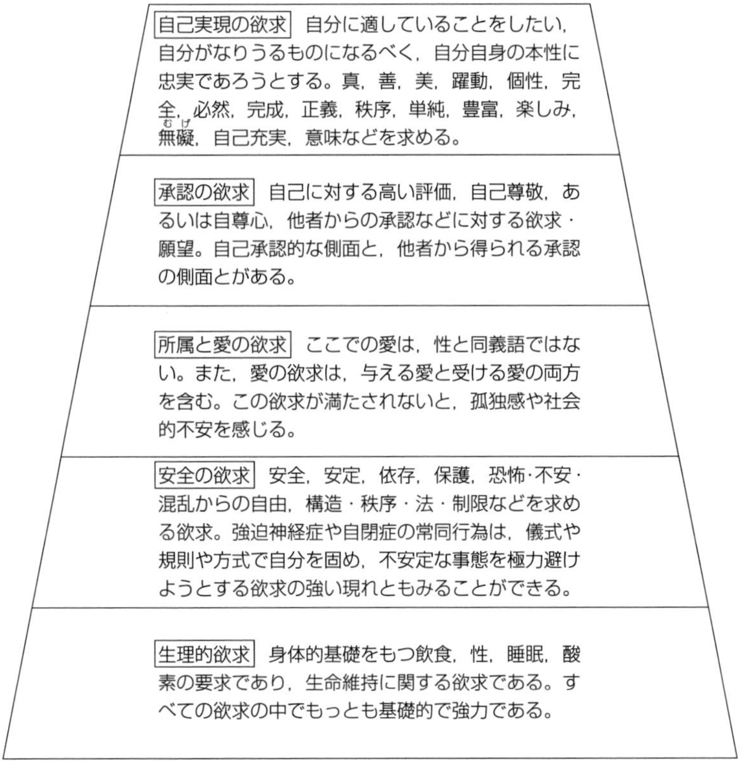

図12-1　マズローによる欲求の階層理論
（出所）Maslow（1954）をもとに作成

1-2　自己実現と幸福との関係

　自己実現の理論は，自己実現した人「である」ことよりも，自己実現「しつつある」ことに価値を置いている点も特徴的である。つまり，健康なパーソナリティへと向かう「過程にあること」が，健康なパーソナリティとされる。

　たとえばオルポート（Allport, G. W.）は，ある種の緊張を伴う——変化をもたらすような，あるいは新しい感動や挑戦に向かうような——活動によってのみ，人間はそのパーソナリティを成長させることができると考えており，このような営みに従事できることが，オルポートのいう健康なパーソナリティの条件であった（Allport, 1937）。ちなみにその活動へと個人を誘うのは，よく考慮

171

された意識的な意図，すなわち，希望やあこがれや夢であり，オルポートはそれを人間の中心的側面と考えていた。

　またロジャーズ（Rogers, C. R.）は，自己実現の過程は，困難で同時に苦痛をともなう過程であると述べる。それは人間の全能力の絶え間のない試練，伸長，促進を伴うものであり，ものごとに打ち込み，人生の流れに完全に身を投じる勇気をもつことだという（Rogers, 1951）。

　これらの見解からは，自己実現に向かう過程が，必ずしも（一般的な意味での）幸福と一致するわけではないことが推測される。ここには，古くはアリストテレスから続く伝統的な知恵が垣間見える。アリストテレスは，健全な精神への道は，楽しみを通してではなく，自分自身に忠実であることを通してひらかれると述べ，真の幸せとは快楽とは異なる「**エウダイモニア**」と呼ばれる状態であるとした。「エウダイモニア（eudaemonia）」とは「eu＝善い」と「daimon＝精神」を合わせた言葉であり，最善の自己であるという意味である（Waterman, 1993）。エウダイモニア的幸福とは，いかに幸せな気分であるかに反映されるのではなく，人生がいかに，十分な行い，自己性の実現，よい人間関係，個人的成長によって特徴づけられるかに反映されるものであり，健康なパーソナリティにおける議論で強調されたのもその点であった。

　ロジャーズ（Rogers, 1951）によると，自己実現をしている人はたしかに幸福や満足を経験するとしても，いつもであるとか，ほとんどの場合がそうである，といったことはない。彼らは豊かで挑戦的で意味ある人生を歩むが，必ずしもいつも笑っているわけではない。つまり自己実現とは，一時的な満足や快感情，あるいは主観的な幸福感を求めてなされるものではない。もちろんその過程において喜びを感じたり，幸福感を経験したりすることはあるだろう。だがそれはあくまで副産物であり，それ自体が目標ではないのである。

1-3　現実世界に対する知覚の問題

　自己実現を可能にする上でも，また，健康なパーソナリティを語る上でも，「現実をあるがままに知覚する」という客観的で正確な認知ができること，す

なわち，**認識の正確性**ということは，その特徴としても必要な条件の一つであると古くから信じられていた。

　ところが，1980年ごろから，精神的に健康（病気でない）と思われる人たちは，現実，とくに自分自身についての現実を，都合のいいようにある程度歪めて知覚していることを報告する研究が相次いだ。適応的に生きているとみなされる人たちは，能力やパーソナリティ特性などについて，自分自身をより優れた，あるいは望ましい人物としてとらえていることが明らかにされたのである。また，自己評定の数値と他者による評定値との相関は高くないことも多く，むしろ，現実をあるがままにとらえないこと，やや自分に対してひいき目に見ることが，精神的に健康な人の特徴であるとされた（遠藤，1995）。

　テイラーら（Taylor, 1989；Taylor & Brown, 1994）は，このような認知傾向を**ポジティブ・イリュージョン**（positive illusion）と名づけた。もちろん，その人の自己の状態が実際に非常に肯定的であることも考えられる。それでも，たとえば9割の人が集団の上位1割に入るといったことは計算上不可能であり，人々がこのような主観的認知をもっていることがあることを考えると，客観的認知とは異なる主観的認知を行っている人が少なからずいると解釈せざるを得ない。

　テイラー（Taylor, 1989）は，ポジティブ・イリュージョンを三つの観点から説明する。①自分自身を非現実なまでにポジティブにとらえる，②外界に対する自己のコントロール能力を現実以上に大きいと考える，③自己の将来をバラ色に描く，という傾向である[1]。テイラーによると，この認知のゆがみが，人が肯定的な自己概念をもつ手助けとなり，適応的に生きる上で肯定的な影響をもたらすとされる。さらに，現実を正確に認知しているのはむしろ抑うつ的な人であり，精神的に健康な人の自己概念は一般に肯定的な方向へ傾いているという。それまでの見解と大きく異なるこの知見は広く共有されるに至り，精神的に健康なパーソナリティをめぐる議論の大きな転換をもたらした。

　とはいえそれも程度の問題である。極端なポジティブ・イリュージョンは，精神的健康にプラスの影響を及ぼさないどころか，かえってネガティブな影響

を与えることを指摘する研究や，短期的には適応的にみえても，長期的にみるとけっして適応的ではないことを報告する研究などもみられる。健康なパーソナリティの特徴として抽出された要素がパーソナリティ全体において，また，長期にわたるパーソナリティ形成過程においていかなる意味をもつのかは，慎重に考える必要がある（Brendgen, Vitaro, Turgeon, Poulin, & Wanner, 2004）。

　なお，ここで適応の基準とされるところは，前項で述べたエウダイモニアとは明らかに次元が異なる。また，ポジティブ心理学において目的とされる指標も，快感情や主観的幸福感などが多い。健康なパーソナリティに関する議論は，何を「健康なパーソナリティ」の基準においているかで，その内容は大きく異なっている。

2　アイデンティティ

2-1　アイデンティティとは

　前節で見たように，私たち人間は，ただ生きるだけでなく，いかに生きるか，いかなる存在になるべきか，ということを考えながら生きている。それがとくに人生に密接にかかわる問題となるのは青年期である。親から自立し，自分自身をよりどころにして生きていく段階へと移行する過程において，また，社会の一員としての責任を何らかの形で全うする立場に置かれる時期が迫ってくる中で，一体自分は何者で，何ができる人間なのか，それを見極めることが切実

➡1　ただし，②は可能性に関すること，③は未来に関することであるため，イリュージョンとも言い切れない。まず，コントロール能力のイリュージョンは，人間の精神に強力な影響を及ぼすことが知られている。たとえば，無力感が経験によって形成されることを示す学習性無力感（Seligman, 1972）に関する実験からは，不快な状況を自分がコントロールできる条件におかれることのみならず，自分はその状況をコントロールできるという信念をもっていることも，不快状況による苦痛の程度が低いことや，その状況を改善しようとする態度にかかわることが示されている。また，未来に対するイメージや，こうありたいあるいはこうあるべきという自分の可能性について肯定的に思い描くことは，その自己表象に関連した行動を活性化させることに役立ち，それを現実化する上で有効な機能を果たす（第10章参照）。

な問題となるのである。人生と結びついた形でパーソナリティ全体のありよう
が問われ，それを統合する原理を自分の中に確立する過程で，葛藤や心理的混
乱を経験することは，青年期における**アイデンティティの危機**と呼ばれてきた
（Erikson, 1959）。

　アイデンティティとは発達のごく初期から私たちの自己としての感覚を支え
るものであり，時間や空間を超えて，同じ個人として存在しているという自己
意識を支える基本的な感覚である。アイデンティティの感覚とは，①自分は，
自分以外の何者でもなく，以前からも自分であり，これからも自分であり続け
るという**自己同一性の感覚**と，②その自分は，自分が生きていく社会の中で広
く認められ，受け入れられるあり方をしているという，**心理―社会的同一性の
感覚**によって支えられるものである。

　アイデンティティの感覚が揺らぐことは，個人に大いなる葛藤や混乱をもた
らす。エリクソン（Erikson, E. H.）は，青年期の葛藤や心理的混乱をアイデン
ティティの危機として理論化した。エリクソンによると，それは高度の成長潜
在力を秘めているという特徴を備えながら葛藤が増大するという正常発達の一
段階，すなわち，発達における正常な危機であるとされる。その危機とは，大
人に**同一化**する形で形成されてきた児童期までのアイデンティティをいったん
問い直し，その上で，新たなアイデンティティの感覚を獲得する過程である。

2-2　適応概念としてのアイデンティティ

　エリクソンは，パーソナリティ発達の過程について次のように考えていた。
第一に，**自我**の各部分は，成長の度合いが優勢となるべき時期がそれぞれある
ということ，第二に，すべての素因はその成長がもっとも優勢となる時期以前
にも何らかの形で存在しているということ，第三に，各段階における**心理―社
会的危機**は，それに対する解決が見出されたとしても，次の段階ではその段階
に適した形でさらなる発達を遂げていくということである。その考え方を示し
たのが漸成発達図式である（図12-2）。

　またこの図式は，ある段階における心理―社会的危機は，個人がそれまでた

	1	2	3	4	5	6	7	8
Ⅷ 老年期								統合性 対 絶望、嫌悪
Ⅶ 成人期							世代性 対 停滞、自己耽溺	
Ⅵ 初期成人期					連帯 対 社会的孤立	親密性 対 孤立		
Ⅴ 青年期	時間的展望 対 時間的展望の拡散	自己確信 対 自意識過剰	役割実験 対 否定的アイデンティティ	達成の期待 対 労働麻痺	アイデンティティ 対 アイデンティティ拡散	性的アイデンティティ 対 両性的拡散	指導性と服従性 対 権威の拡散	イデオロギーへの帰依 対 理想の拡散
Ⅳ 学童期				勤勉性 対 劣等感	労働同一化 対 アイデンティティ喪失			
Ⅲ 遊戯期			自主性 対 罪悪感		遊戯同一化 対 空想アイデンティティ			
Ⅱ 早期児童期		自律性 対 恥、疑惑			両極性 対 自閉			
Ⅰ 乳児期	基本的信頼 対 基本的不信				一極性 対 早熟な自己分化			

図 12-2　エリクソンの漸成発達図式

（出所）Erikson（1959）より作成

どってきた発達過程との兼ね合いで様々な症状となって現れることについても表現している。たとえば，青年期における**アイデンティティ拡散**は，本来自分がするべき課題をすることができず，その課題自体を放棄したり，課題にとりかかることを延期したりする状態が持続している状態である**労働麻痺**，肯定的なアイデンティティ探求への努力（**役割実験**）を放棄し，反社会的，非社会的な自己の役割をむしろ積極的に選択し，アイデンティティの感覚を得る**否定的アイデンティティ**，自分自身を過剰に気にする状態であり，自分のあり方やそれへの評価に非常に敏感になりとらわれる**自意識過剰**，今の不安定さが永遠に続くように感じる一方で，自分が年をとっていくことへの恐怖を感じるなど，時間がもたらす変化の可能性を信じることができない絶望感を抱く一方，時間が変化を引き起こすという不確実性に対する激しい恐怖を抱く**時間的展望の拡散**などの特徴をもつ否定的状況として経験されることがある。

2-3　発達概念としてのアイデンティティ

　アイデンティティの混乱は適応上の問題を引き起こす。ただし，パーソナリティ発達の過程を想定するとき，それは不適応の要因という意味を与えられるだけのものではない。エリクソンはアイデンティティの危機を正常な発達過程ととらえていた。そのため，アイデンティティの混乱を経験せずに安定したアイデンティティを保ち続ける適応的な青年と，アイデンティティの混乱を経験し，その危機を克服して再び安定したアイデンティティの感覚を獲得した青年とでは，パーソナリティの発達上，質的な違いがあるのではないかと考えていた。

　これに応えるのが**アイデンティティの発達過程**の検討である。マーシャ（Marcia, 1966）は**アイデンティティ・ステイタス**（または**アイデンティティ地位**）という枠組みを設け，アイデンティティの発達段階をとらえようとした（表12-1）。この枠組みにおいては，同じく適応的様相を示す**アイデンティティ達成**地位の者と**早期完了**地位の者とでは，危機の経験の有無に違いがあり，それに起因する発達上の差異があるとみなされる。また，アイデンティティの

表12-1　アイデンティティ・ステイタス

アイデンティティ地位	危機 （役割の試みと意志決定の期間）	人生の重要な領域に 対する積極的関与
アイデンティティ達成 (identity achievement)	すでに経験した	している
モラトリアム (moratorium)	現在，経験している	あいまい，あるいは積極的に傾倒 しようとしている
早期完了 (foreclosure)	経験していない	している
アイデンティティ拡散 (identity diffusion)	経験していない（危機前）／すで に経験した（危機後）	していない

（出所）Marcia（1966）より作成

感覚をもてない状況にあっても，そこに至るべく探求を行っている**モラトリア
ム**地位の者は，アイデンティティの混乱を経験せずに適応を保っている早期完
了地位の者よりも，アイデンティティの発達が進んでいるとされる。

　このような観点から，現在，アイデンティティについては，統合された状態
にあるか混乱した状態にあるかという次元とともに，自らのアイデンティティ
の課題に向き合い，よりよいパーソナリティ発達を遂げようとしているかとい
う次元も考慮しながら検討されることが多くなっている。現在，アイデンティ
ティ研究は，パーソナリティの発達過程をとらえる研究領域の一つとなってい
るといえる。

3　健康なパーソナリティをめぐる多様な視点

3-1　プロテウス的人間

　エリクソンがアイデンティティ概念を提唱した1960年ごろは，自分自身をま
とまった存在として統合しうるような個人の感覚をもつことが必要だと考えら
れていた。今日にも続く近代社会の価値観が，自己決定や自己選択をはじめ，
主体的に行動することのできる個人，自由で意思をもち理性的に能動的に行動
する自律的な個人，という人間像を共有している。そのためには，よりどころ
となる確固たる価値観の確立が必要だと考えられていたのである。別の言い方

をすれば，自己の価値観や信念に一貫性がなく，場面や状況によってそれが変化してしまうこと，状況の変化によって，以前のあり方との連続性が保てないほどに変わってしまうことなどは，アイデンティティの混乱あるいは拡散であると考えられたのである。

　だが実際には，そのような不安定なアイデンティティの様相を呈しながらも，非常に適応的に，しかも創造的に生きることができている人たちも存在する。精神科医ロバート・J・リフトン（Lifton, 1969）は，1950年代に早くもそのような存在様式があることに気づき，そのような人たちを「**プロテウス的人間**」と名づけた。プロテウスとはギリシャ神話に出てくる変幻自在の神であり，恐しい大蛇，ライオン，竜，火，洪水など，何にでもなることができる。リフトンは，自分を一時的・暫定的な存在とみなし，次々に新しい仕事，職種・役割に同一化して変身を遂げてゆく人々の姿を，プロテウスになぞらえたのである。彼らは，その都度，それぞれの自分として，自己の能力を十分に発揮し，一定期間は，その道での専門家・第一人者になる。にもかかわらず，どの段階でも最終的な自分を限定しない。いつまで経っても一つの統合されたものになることを拒み，つねに，暫定的・一時的な存在であること自体をアイデンティティとするのである（小此木，1978）。

　このような行動は，意志薄弱，持続力のなさ，自分勝手な気まぐれ等，否定的な言葉を用いて特徴づけることもできる。だが，非常に速いスピードで社会全体の価値観が変化したり，生活状況が変動したりする時代においては，変化への柔軟な対応，切り替えの早さ，軽やかさといったプラスの側面として論じられる。それによって，上記のような行動がいかに評価されるかも変わってくる。パーソナリティや自己の適応をめぐる議論は，それがいかなる社会や状況を背景に論じられているものであるのか，また，いかなるパーソナリティ観（とくに，可塑性についての考え方）や自己観にもとづくものであるのかにも留意して理解する必要がある（第11章も参照）。

3-2　自己の超越

　健康なパーソナリティをめぐる議論において，自己実現は大きなキーワードとなっているが，「自己」という感覚を超越したところに真の自己実現をみる見方もある。それは，自律的な個人という枠組みを超越した考え方である。その例として，ユング（Jung, C. G.）とフランクル（Frankl, V. E.）の理論を紹介しよう。

　ユング（Jung, 1928）は，パーソナリティ形成（彼はこれを，**個性化**の過程と呼んだ）において，とりわけ**無意識**のはたらきを重視した。ユングによると，無意識の世界には，個人が生活において蓄積してきた経験のみならず（**個人的無意識**），人類が営んできた歴史や紡いできた神話，ひいては人類の祖先である動物のすべてが蓄積してきた経験も含まれている（**普遍的無意識**または**集合的無意識**）。そしてパーソナリティの完成は，個人を超えて広がる無意識の世界へと意識世界が開かれ，両者が統合されることによって可能になると論じた。ユングは，近代化された人間は，科学や理性を信奉しすぎるあまり，意識的・合理的存在性を強調しすぎて無意識的な存在を犠牲にしており，それゆえに，人間の多くの悲惨さや絶望，愚かさや無目的，無意味な感情が生じているのだと考えた。単なる理性的人間を超えて，無意識の力も許容し，それも意識的世界の過程として取り入れながら生きていくこと，自分の内面に広がる，非理性的な存在，意識によって統制しきれない世界との調和の中で生きていくことの重要性を論じ，それを自己実現と呼んだ。

　フランクル（Frankl, 1977）は，自分自身を超えて，誰かあるいは何かに没頭するという**自己超越**という過程を，健康なパーソナリティ発達の究極的な基準とした。ユダヤ人であった彼は，第二次世界大戦中にナチスの強制収容所での生活を余儀なくされ，自らが有していた自己の目的などをすべて剝奪されるという苛酷な運命に直面した。絶望的な喪失を味わう中で，フランクルは，一体生きている意味などあるのだろうかと考えた。そしてそれでも「意味はある」という答えを出す。自分の人生には，自分が企てたような目的を遥かに超えた大きな意味があるに違いない，そして，どのような状況にあっても，みずから

の運命に対してどのような態度をとるか，どのように反応するかの自由は残されている，と考えるに至ったのである。フランクルはこれを**精神的自由**と呼んだ。人間にとって重要なのは，いかなる運命が待ち受けているかではなく，その運命をいかに受け止めるかであり，それによっていかなる状況においても人生の意味を見出しうると信じ，人間は，**意味への意志**によって動機づけられているとした。

　人間社会の営みは，ときに予定調和を覆す予測不可能な展開をみせる。また，私たちの内面には，了解不可能な無意識の世界が広がっている。私たちは，そのような，コントロールどころか，知ることさえできないような世界の中を生きている。健康なパーソナリティについての議論は，そのような中で，人がいかに生き，パーソナリティを形成するかといった視野からも議論される主題なのである。

❖考えてみよう

・「現実を正確に知覚する」ことが，健康なパーソナリティの条件とされてきたのはなぜだろうか。

・青年期の混乱は，アイデンティティ発達過程における正常な危機とされるが，それと，長引く病理につながるような混乱との違いは，どこにあるだろうか。

・それぞれの時代や社会において，健康なパーソナリティとはどのように議論されてきただろうか。これからの時代に求められる健康なパーソナリティとはどのようなものだろうか。

もっと深く，広く学びたい人への文献紹介

小塩 真司・中間 玲子（2007）．あなたとわたしはどう違う？──パーソナリティ心理学入門講義── ナカニシヤ出版
　☞ユングの自己実現論や人間性心理学，ポジティブ心理学などについて，概要がまとめられている。

島井 哲志（編）（2006）．ポジティブ心理学──21世紀の心理学の可能性── ナカニシヤ出版
　☞ここではあまりふれることができなかった，ポジティブ心理学の研究知見がまとめられている。

森 真一（2000）．自己コントロールの鑑──感情マネジメント社会の現実──

講談社選書メチエ
☞パーソナリティ形成において自己への意識がどのような影響を及ぼすのか，考えを深めるのに適した本。

引用文献

Allport, G. W. (1937). *Personality: A psychological interpretations.* New York: Henry Holt and Company.
（オールポート，G. W.　詫間 武俊・青木 孝悦・近藤 由紀子・堀 正（訳）（1982）. パーソナリティ――心理学的解釈――　新曜社）

Brendgen, M., Vitaro, F., Turgeon, L., Poulin, F., & Wanner, B. (2004). Is there a dark side of positive illusions? Overestimation of social competence and subsequent adjustment in aggressive and nonaggressive children. *Journal of Abnormal Child Psychology, 32*, 305-320.

遠藤 由美（1995）. 精神的健康の指標としての自己をめぐる議論　社会心理学研究，*11*, 134-144.

Erikson, E. H. (1959). *Identity and the life cycle.* New York: W. W. Norton.
（エリクソン，E. H.　西平 直・中島 由恵（訳）（2011）. アイデンティティとライフサイクル　誠信書房）

Frankl, V. E. (1977). *Trotzdem Ja zum Leben sagen: Ein Psychologe erlebt das Konzentrationslager.* München: Kösel-Verlag.
（フランクル，V. E.　池田香代子（訳）（2002）. 夜と霧（新版）　みすず書房）

Jung, C. G. (1928). *Die Beziehungen zwischen dem Ich und dem Unbewußten.* Darmstadt: Reichl.
（ユング，C. G.　松代 洋一・渡辺 学（訳）（1995）. 自我と無意識　第三文明社）

Lifton, R. J. (1969). *Boundaries: Psychological man in revolution.* New York: Random House.
（リフトン，R. J.　外林 大作（訳）（1971）. 誰が生き残るか――プロテウス的人間――　誠信書房）

Marcia, J. E. (1966). Development and validation of ego-identity status. *Journal of Personality and Social Psychology, 3*, 551-558.

Maslow, A. H. (1954). *Motivation and personality* (2nd ed.). New York: Harper & Row.
（マズロー，A. H.　小口 忠彦（訳）（1987）. 人間性の心理学――モチベーションとパーソナリティ――　産能大学出版部）

Murray, H. A. (Ed.). (1938). *Explorations in personality.* New York: Oxford

University Press.

（マァレー，H. A. 外林 大作（訳編）(1961). パーソナリティ I 誠信書房）

小此木 啓吾（1978）. モラトリアム人間の時代 中公叢書

Rogers, C. R. (1951). *Client-centered therapy: Its current practice, implications, and theory.* Boston: Houghton Mifflin Company.

（ロジャーズ，C. R. 保坂 亨・諸富 祥彦・末廣 康弘（訳）(2005). ロジャーズ主要著作集 2 ——クライアント中心療法—— 岩崎学術出版社）

Seligman, M. E. P. (1972). Learned helplessness. *Annual Review of Medicine, 23,* 407-412.

Taylor, S. E. (1989). *Positive illusions: Creative self-deception and the healthy mind.* New York: Basic Books.

（テイラー，E. 宮崎 茂子（訳）(1998). それでも人は楽天的な方がいい 日本教文社）

Taylor, S. E., & Brown, J. D. (1994). Positive illusions and well-being revisited: Separating fact from fiction. *Psychological Bulletin, 116,* 21-27.

Waterman, A. S. (1993). Two conceptions of happiness: Contrasts of personal expressiveness (eudaemonia) and hedonic enjoyment. *Journal of Personality and Social Psychology, 64,* 678-691.

第13章　自分らしく生きるために
——キャリア選択と支援

安 達 智 子

キャリア選択とは，自分自身と職業世界を理解して両者の間に望ましい関係性をつくり出すことをさす。キャリア教育では，一人ひとりが主役になれるのだと子どもたちに教えており，企業社会でも従業員を「人財」と称して，一人ひとりの個性を活かすことに重きをおくところが増えている。さらに最近では，働き方改革や男女共同参画が推進され，自分らしく生きることに何の支障もないかのようにも思える。しかし実際はどうなのだろう。本章では，自分らしいキャリア選択をテーマにして，心理職が理解しておくべきポイントと支援について考えてみよう。

1　キャリア選択とは

1-1　適性の理解と支援

　キャリア選択は，三つのステップを踏むというのが古くからの考え方である（Parsons, 1909）。第一のステップとして，能力や性格，価値観など自己の適性について理解する。第二のステップは，業界や職業情報にアクセスして自分をとりまく仕事社会について理解する。そして第三のステップでは，自己と仕事環境の間にベストな組み合わせを見つける。このようにして個人と職業の間によりよい**マッチング**をつくりだそうという考え方を**特性・因子理論**という。「四角い釘は四角い穴に，丸い釘は丸い穴に」，もしくは，"The right man in the right place" と表現されており，適材適所の発想といえる。同理論にもと

185

づくキャリア支援では，**適性検査**を実施してフィードバックする，相談者に合った仕事情報を提供する，そして相談者と仕事の間に最適なマッチングを作り出すなど，三つのステップのいずれかに対して介入を行うことになる。しかし最近では，コンピュータがそれらを行う**CACG**（Computer Assisted Careers Guidance）が普及し，相談者は支援を求めなくても単独で三つのステップを踏むことができるようになった。

　ならばキャリア支援は，コンピュータに置き換えればよいと思うかもしれない。しかし，検査をいつどのタイミングで実施するのか，テストに忌避感はないか，結果を受け止める精神的なゆとりはあるかは，相談者と対面しているからこそ見定めることができる（深町，2018）。また，その人らしい生き方は，単一の検査によって理解できるものではなく，本人の特性や発達段階に応じて最適な**テスト・バッテリー**を組むことも，支援者が行うべき重要な作業である。年齢区分や目的によって実施する検査はおおよそ定められているが，どの相談者にも，**標準検査**によってはカバーできない特性や価値志向というものがある。支援者には，対話によってこれらを丁寧にくみとり相談者のキャリア形成に活かしていく技量が必要になる。さらに最近では，発達に凹凸のある相談者の特性を活かしたマッチングや適応支援に対するニーズが増えてきた。多様にあるツールを組み合わせてどのようにその人らしさを理解してキャリア選択に役立てていくか，支援者には，たんなるテスター以上の知識と技術が求められる。

1-2　自己効力──選択に向けて動きだすために

　仕事選択を行う際に，人々を動かす原動力となるのが**キャリア選択に対する自己効力**である。これはテイラーとベッツ（Taylor & Betz, 1983）が，キャリア成熟に必要となる五つの活動について概念化したものである。五つとはすなわち，自分の適性や能力などを理解する**自己適性評価**，職業や仕事内容の情報を集める**職業情報の収集**，選択肢を絞り込み自分にあったものを選ぶ**目標選択**，目標を達成するためにプランをたてる**計画立案**，そして，予期せぬ問題が起きたときに対処する**問題解決**である。

　これらを成功裏に行えるとの自己効力は自然に備わるものではなく，個人的達成，代理学習，言語的説得，情緒的覚醒という四つの情報源がその形成にかかわりをもつ（Bandura, 1997；Taylor & Betz, 1983）。**個人的達成**は，自ら行動を起こすことで成功したという経験で，自己効力の形成にもっとも大きなインパクトを与える。**代理学習**は，他者が達成するプロセスを観察すること，**言語的説得**は，言葉による励ましや承認を受けること，そして**情緒的覚醒**は，自分の心身に起きた状態を知覚することである。

　たとえば，大学生の就職活動に置き換えて考えてみよう。活動が本格化する前からセミナーに参加して，自己分析や模擬面接を進めている者は，自信をもって活動に挑むことができる（個人的達成）。また，活動をはじめる前に先輩の体験談を聴くことで「自分にもできそうだ」と感じられ（代理学習），承認や励ましを受けることが活動を継続する力になる（言語的説得）。面接や筆記試験に挑む際には，心身ともにリラックスした自身の状態を知覚することで，自分はできるとの感覚をもつことができる（情緒的覚醒）。

　このように四つの**情報源**を通じて形成される自己効力であるが，たとえ情報源が満たされていても，そのことに本人が気づいていないと自己効力につながらない。情報源が満たされているという事実だけでなく，それを本人がしっかりと認識することが必要なのだ（Bandura, 1997）。筆者は，このような自己効力の情報源を整理して認識するためのワーク・シートを作成している（安達，2019）。そこでは九つのステップからなるシートを埋めていくことで，これまでに気づかなかった情報源を見つけ，ネガティブに歪んだ物事のとらえ方の癖に気づくことができる。相談場面でこうしたワークを活用して，本人と対話をしながらシートを埋めていくことで，なぜ動きだせないのか，動きだす自信をもつには何が足りないかなど，相談者を活動につなげていくヒントが得られる。

1-3　変化と偶発性を味方にする

　ジェラット（Gelatt, 1989）は，選択したことを取り消して振り出しに戻ることや，一度下した決断を覆すことはキャリア選択に必要なスキルだと述べてい

る。このような考え方の背景には**積極的不確実性**，すなわち，変化や偶然に対する開かれたスタンスを推奨する理論的立場がある。例を挙げて考えてみよう。入社時に今後の目標を設定しても，予想とは異なる部署に配属されるかもしれないし，会社や組織を取り巻く環境が大きく変化するなど，予期せぬ出来事はいくらでも起こり得る。そうした際には，当初の目標に固執することなく，修正や調節をしながら新たな目標にシフトしていくようなスタンスが求められる。

　偶発性に対して開かれたスタンスとは，日常的な文脈ではどのような行動になるだろうか。浦上・高綱・杉本・矢崎（2017）は，偶発性に気づいてそれを活用するための**境遇活用スキル**に着目している。たとえば困難にぶつかったときに新しい手段を見つける，上手くいくかどうかわからなくてもとりあえず始めてみる，立場や考え方の違う人とつながりを持つことなどである。ジェラットとジェラット（Gelatt & Gelatt, 2003）は，自分にとってベストシナリオ（best scenario）とワーストシナリオ（worst scenario），そして，もっとも起こり得る可能性の高いシナリオ（most likely）の三つを描写させるワークを考案している。三つのシナリオを描くことで，ワーストの事態を想像して守りに入っている自分に気づいたり，ベストシナリオを実現させるために何をするべきかを考えることができる。また，これらのシナリオを周囲の人々と共有することで，想定外のシナリオがあり得ることがわかる。

　キャリア形成は，自分の意志以外の要因から影響を受けているということを認識するために**影響の輪**を用いるのがプライアーとブライト（Pryor & Bright, 2011）である。ここでは図 13-1 に示すように偶発的な出来事，家族や友人，教師，相談相手，メディアなどの影響要因を図示して，過去から現在にわたって自分のキャリアにかかわりをもった，あるいは，

図 13-1　影響の輪
（出所）Pryor & Bright（2011）にもとづき作成

もつであろう人物や要因を挙げていく。あらためて書き出すことによって，キャリア形成は自分の意志以外の様々な要因から影響を受けていることが認識できる。このようにして，絞り込みや決定だけでなく，多様な視点や偶発性を意識させることで，相談者のキャリアの幅を広げることができるはずだ。

2　ジェンダーとキャリア

2-1　ステレオタイプとその影響

　キャリア選択では，性別が行動範囲を狭めたり視点を固定化させたりと，自分らしい生き方を阻害することがある。なぜならば，**生物学的性別**はたんなる身体機能の違いにとどまらず，女らしさや男らしさという心理社会的性別である**ジェンダー**を形成するからだ。ジェンダーにまつわる思い込みや固定的な考え方を**ジェンダー・ステレオタイプ**と呼び，この考え方に縛られているとき，人々の心の中では性別とジェンダーがイコールでつながっている。つまり，男性は男らしく女性は女らしいのが当たり前で，そうあるべきと考えている。しかし，性別とジェンダーの関連については，表13-1に示すとおり，男性型の男性，女性型の女性というステレオタイプ通りの人は男女ともにそれほど多くはなく，男性型の女性も，女性型の男性も多くみられる。また，男らしさと女らしさを兼ね備えた**アンドロジニー**や，いずれも高くない未分化型の男女もかなりの数存在している。これが事実であるにもかかわらず，我々の社会では男は男らしく，女は女らしいという**社会規範**に従うべきだと考えやすい。

　社会に流布するステレオタイプに従って自分自身を定義することを**自己ステレオタイプ化**といい，自己ステレオタイプ化が自分らしいキャリア選択を阻むことがある。例を挙げると，「男子は理系，女子は文系」というステレオタオイプを自身にあてはめる女性は，たとえ理系科目が得意でも理系分野にチャレンジしないだろう。また，自分にステレオタイプをあてはめることで，我々はステレオタイプ通りの結果が起きるのではないかと脅威を感じて実力を発揮しにくくなり，その挙句，心配した通りの結果に陥るのが**ステレオタイプ脅威**で

表 13-1 男女別にみたジェンダー・タイプの人数と
出現率

(人)

	男性型	女性型	アンドロジニー	未分化
男性	43 (7.0%)	49 (8.0%)	106 (17.3%)	96 (15.7%)
女性	30 (4.9%)	96 (15.7%)	89 (14.6%)	102 (16.7%)

(注) インターネット調査により日本人青年層の男女
360人ずつから回答を得て，分類できた有効回答
をまとめた。男性294人，女性317人（平均年齢
21.66歳，SD＝1.07）。
(出所) Adachi（2015）

ある。

　ステレオタイプをもつこと自体は，人間の認知機能として当たり前の現象と
いわれている。ではどうすればよいのだろう。心理学の立場からいくつか解決
法が提示されている。たとえば，ステレオタイプの反証になる**ロールモデル**と
の接触である。カピタノフとパンディー（Kapitanoff & Pandey, 2017）は，女子
学生が女性の数学教員と持続的に接触することにより，「女子は数学が苦手」
というステレオタイプによる数学不安が低減することを見出している。その他
にも，自分がもつステレオタイプに気づかせること，そのステレオタイプが意
識や行動に作用する心理的メカニズムを理解させることも効果的といえる。く
わえて，個人の能力は性別によって決定づけられるのではなく，努力や経験に
よって変化する可塑性をもつことを理解させるなど（森永，2017），ジェンダー
による悪影響を取り除くために支援者ができる働きかけは少なくない。

2-2　社会における少数派

　ジェンダーは，キャリアの選択だけでなく選択後の適応にも影響を及ぼす。
たとえばトークンという言葉を聞いたことがあるだろうか。**トークン**とは，圧
倒的多数派の中に含まれる少数派のことを指す用語である。例として管理職に
抜擢された女性を想像してみよう。紅一点の管理職になった女性トークンは，

いやがおうにも目立つ存在となり，ちょっとした言動がゴシップの標的になりやすい。周囲からは，いかほどの実力かと試されたり，本当に女性に務まるのかとプレッシャーを与えられるかもしれない。このような状況におかれたトークンは無論のこと，ありのままの自分らしさを発揮しにくくなる。では，トークンの問題はどうすれば解消されるのだろう。**黄金の３割**という言葉を聞いたことがあるだろうか。これは３割を超えると少数派はもはや少数派ではなくなり，意見を述べたりアクションを起こしやすくなるという発想で（Kanter, 1977），少数派に対する優遇措置である**アファーマティブ・アクション**ではこの３割の基準が適用されることが多い。

　ジェンダーの少数派が受ける反応はネガティブで敵対的なものだけではない。ジェンダー・バイアスをもつことが慈悲的に働くことがある。フェールとサッセンバーグ（Fehr & Sassenberg, 2009）は，女性は男性よりも弱く劣位におかれているため，保護し守ってあげようとするのは**慈悲的性差別**だと指摘している。たとえば繁忙期でも，女性を遅くまで残業させるのは忍びないからと，女性社員を優先的に帰宅させるなどの行為がこれにあたる。慈悲を受けた女性は，男性から大切にされているように感じたり，慈悲的性差別をしてくれる男性に魅力を感じることさえある（Gul & Kupfer, 2018）。しかし長期的に見た場合，こうした差別を受け容れることは，女性が男性と対等な立場でキャリアアップしていく機会を損なうことになる。同じことが男性に対してもあてはまる。たとえば，妻が「男性は家事が苦手だろう」と家のことをしない夫を黙認するならば，男性は家事に挑戦しスキルを磨く機会を逸することになる。このように，何ができるかできないかや，チャレンジするかしないかは，社会的通念としてのジェンダー・ステレオタイプや，個人や周囲が男女の在り方をどのようにとらえ表出するかによって大きな影響を受ける。

2-3　女性ゆえの，男性ゆえの生き辛さ

　男性が働き女性は家庭を守るという伝統的な**性役割態度**が根強く残る日本社会であるが，子どもをもつ女性の労働市場への参入は確実に進んでいる。しか

☕コラム　隠れたカリキュラム

　現代の日本の学校で，「男の子らしい行動と，女の子らしい行動」を教えるカリキュラムなど見当たらない。しかし，公式のカリキュラムがなくても，子どもたちは先生や仲間の言動や学級の雰囲気を通じて，男子として，あるいは，女子として望ましい振る舞いを読み取り，自らの性別に応じた態度や行動を身につけていく。それと同時に，仲間に対してもそうした振る舞いを期待するようになる。このようなメカニズムが働くために，日本の学校では元気で活発な男子と優しく従順な女子が育ちやすくなる。たとえば，委員長や生徒会長などのリーダー役は男子がつとめ，書記や副委員長などの補助的役割や保健委員などのお世話係は女子が担当するなどである。

　こうした現象が起きているとき，その学校にはジェンダーにまつわる**隠れたカリキュラム**がある。隠れたカリキュラムとは，教育する側が意図せぬまま児童・生徒に伝えられる態度や価値観あるいは行動規範をさす。通常のカリキュラムでは，教育目標や内容，範囲等が明確に定められており，それにもとづいて教材が作成され，教える側は教育目標を達成するための教育活動に従事する。一方，隠れたカリキュラムは，教育者が意図せぬうちに教育される側に伝わることが多く，目標も内容も教える範囲も正式に定められたものではない。また，教師から子どもたちに伝わるだけでなく，子ども同士の仲間関係や学校の風土あるいはクラスの雰囲気などによっても伝えられる。隠れたカリキュラムがある学校で，男子は男らしく，女子は女らしくあるべきことを学んだ者は，自分らしい生き方を考える際にも性別の縛りを受ける。たとえば，高校生が進学先を考えるときに，女子は実家から通える大学がよい，もしくは，男子は理系に行くのが有利だという考え方が選択に作用する。また，進路指導にあたる教員も，女子は浪人しないほうがよいが，男子は浪人してでも一流大学を目指せなどと，性別に応じた助言をするかもしれない。

　隠れたカリキュラムはこの目で確かめることが難しく，当事者さえ気づかぬうちに作動している。伝える側にも悪意はなく，むしろ本人としては善意によって行動している場合も多々ある。それゆえに公式のカリキュラムよりもとらえにくく，指摘をしたり是正することが難しい。したがって，啓発活動を根気強く行うことや，カリキュラムを発見し改善するためのチェックリストを活用するなどの意識的な働きかけが必要になる。ジェンダーは社会，文化，教育がつくるといわれるほどに，教育から受ける影響力は計り知れないほど大きい。

し働く母親は，帰宅してからも食事の準備，洗濯や掃除そして子どもの世話が待っている。これが第二の労働すなわち**セカンドシフト**と呼ばれる状態である。ホックスチャイルドとマチャン（Hochschild & Machung, 1989）が，子どもをもつ共働きのカップルにインタビューをしたところ，多くの母親がセカンドシフトに追われて疲労困憊していたという。これは働く女性が増えたにもかかわら

ず女性の周囲が変わらないことが問題で，父親も家事や育児に携わる必要があ
ることが指摘されている。しかし日本社会では，家事や育児と仕事を両立させ
る父親のロールモデルも不在なのである。

　新しい生き方を示すロールモデルが見つからないとき，人は自分が生まれ育
った家庭における性役割を継承しやすくなる。これはすなわち，子どもが親の
行動を学習し内在化することによって，家庭に固有の価値や規範が世代間で継
承されていくことを意味する（武田，2016）。そして，我々の社会で受け継がれ
てきた**親役割**では伝統的な性役割分業が優勢なため，若者が自ら家庭を築いて
いく際にそれを再現する。とくに伝統的性役割による縛りは男性において顕著
にみとめられる。ファザーリングジャパン（2019）の調べによると，**隠れ育休**
をとった父親の割合は34％にのぼる。隠れ育休とは，育児休業とは別に有給休
暇などを利用して産後の妻のサポートや育児のために会社を休むことである。
その背景には，父親が子育てのために仕事を休むことに寛容ではない職場風土
がある。また，男性が主な稼ぎ手となり家庭を支えるのが“普通の”家族であ
るとの固定観念が男性の中に根強く残されたままなのだ（田中，2015）。しかし，
これまでのように性役割にそった画一的な生き方が難しくなった今こそ，新し
い男性としての，女性としての生き方を確立するときといえる。

3　自分らしく生きるために

3-1　「自分らしさ」はどこから？

　ここでは，章のタイトルでもある「自分らしさ」をテーマにして，若者の仕
事や働くことに対する意識について考えてみよう。今の若者には，昭和時代の
企業戦士的な精神性は見えなくなったといわれる。若者にとっての就職先は一
生を通じて奉公するところではなく，たんに職を得た場所である以上の意味を
もたなくなった（岩間，2010）。大学生を対象とした調査でも，自分の能力や個
性が活かせる仕事がしたいなど，彼らの仕事選びでは会社がどうかではなく，
自分が何を感じるかに重きをおいた価値志向が見出されている（菰田，2006）。

　このような自分を中心にすえた仕事意識はどこから来るのだろうか。たとえば現行のキャリア教育では，自分らしい仕事を考えたり自分が好きなことや得意なことを見つけるアクティビティが盛り込まれている。マスコミ等でとりあげられるビジネスリーダーの話にも，嫌いなことを延々と続けた結果の成功談ではなく，自分が好きな仕事を選んで懸命に打ち込むことが成功モデルであるというメッセージが込められている（速水，2008）。それを反映して，若者が自分らしい何かを探そうと駆り立てられるのは想像に難くない。そして就職活動のプロセスにおいても，若者は他の応募者とは違った個性的な自己PRと志望動機によって自分らしさを売り込むことを求められる（鵜飼，2007）。しかし，それを鵜呑みにして自分らしい仕事が見つかるはずだと考えるのは**適職信仰**というべきものであり，実際にそうした仕事にいきなり初職で巡り合うのは難しい。

　仕事探しで自分らしさに拘る若者は，どのようにして社会に適応していくのだろうか。武田（2016）は，上司や先輩から教育指導をされながら少しずつ仕事を覚え，仕事場の実情をひとまず受容したうえでないとキャリアを発達させることは困難であると述べている。明確な職務内容の記述すなわち**ジョブ・ディスクリプション**をもたないまま短期決戦型で行われる日本型の採用では，会社側も採用段階で人材を見分けることができない。したがって，会社側は，将来活躍してくれるであろう潜在可能性により人材を選抜し，教育や研修を通じて「わが社の社員」に育てあげる。こうした**ポテンシャル採用**の意味を理解せず，すぐに自分らしさを発揮できると信じている者は，働き始めてから**リアリティ・ショック**に陥ることになる。若者のキャリア支援にあたっては，彼らの自分らしさへの思いと仕事社会の現実をどうすり合わせていくかがポイントになる。

3-2　人とつながる力

　コミュニケーション能力，すなわち，若者言葉でいうところの“コミュ力”の問題は，キャリア相談に寄せられる悩みの中でも非常に多く，採用後の仕事

適応や職務満足感にもかかわる大切な力である。たとえば，自己PR，質疑応答，ディスカッション，プレゼンテーション，報・連・相（報告・連絡・相談），こうした機会に求められるのは，個人対個人のやりとりを円滑に行うためのスキルである。それらの基礎スキルにくわえて欠かせないのが，**人的ネットワーク**やコミュニティとつながるコミュニケーション能力である。乾（2010）のインタビュー調査によれば，社会へ移行する過程において多様で異質な関係性を複数もつ者は，そこから自分が持ち合わせていない情報やサポートを巧みに引き出しており，そのような関係性は仕事を見つけたり将来展望を描いたりするうえで重要な資源になる。つまり自分がもつ資源だけではたちゆかないときには，**社会関係資本**と結びつき，そこから情報やサポートを得て難しい時期を乗り切る力が必要になる。社会関係資本とは，人々を取り巻くネットワークやコミュニティのことを指しており，これらが就職活動やその後の適応の成否に大きなかかわりをもつのである。

　社会関係資本とつながり，その関係性を保ち活用することは，個人対個人のコミュニケーションで必要とされるスキルとは異なり，すぐさまセミナーやスキルアップ講座で会得できるものではない。しかし，頻繁に会うわけではない人物とのつながりを保つことや，折に触れて挨拶をしておくこと，さらには関心を同じくする者のコミュニティに参加して仲間を見つけることは，長期的なキャリア形成をしていくうえで大きな助けになる。転職についての有力情報は強い紐帯よりも弱い紐帯を通じてやってくるという，**弱い紐帯の強み**，すなわち，"The strength of weak ties"（Granovetter, 1973）の有用性は，日本の仕事社会にもよくあてはまる。社会関係資本とつながりその関係性を保ちながら自らのキャリア形成に活用する，こうしたスキルの涵養も，これからの社会で自分らしい生き方を実現していくための支援として重要性を増すはずだ。

❖考えてみよう
・「好きなことを仕事にする」ことが可能である社会に生きているということは，個人にどのような影響を与えているだろうか。またそれを個人が実現していくことは社会にどのような影響を与えるだろうか。よい面・悪い面，短期的影

響・長期的影響の点から考えてみよう。
・「若い女性」が管理職に就いた場合，通常では生じないどのような困難が生じるだろうか。そしてそれはどのように乗り越えることができるだろうか。

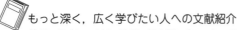

もっと深く，広く学びたい人への文献紹介

若松 養亮・下村 英雄（編著）（2012）．詳解　大学生のキャリアガイダンス論——キャリア心理学に基づく理論と実践——　金子書房
　　☞日本の就職活動の仕組みとキャリア形成支援について，基本理論にのっとりわかりやすく説明されている。大学生は，自分のキャリア選択を材料として理論とその応用を学ぶことができる。

労働政策研究・研修機構（編）（2016）．新時代のキャリアコンサルティング——キャリア理論・カウンセリング理論の現在と未来——　労働政策研究・研修機構
　　☞キャリア理論の創世期より現在にいたるまでの主要概念が整理されている。とくに，最近の学説や理論動向が多く紹介されており，キャリア支援やコンサルティングの実践に役立てることができる。

引用文献

Adachi, T.（2015）. Career self-efficacy among Japanese youth: Will psychological androgyny widen their career alternative? The 11th Asian Conference on the Social Sciences（ACSS）.

安達 智子（2019）．キャンパスから仕事社会へ——現代青年のキャリア形成と支援——　晃洋書房

Bandura, A.（1997）. *Self-Efficacy: The exercise of control.* New York, NY: Freeman.

ファザーリングジャパン（2019）．隠れ育休調査2019　https://fathering.jp/news/news/20190604-01.html（2020年6月19日閲覧）

Fehr, J., & Sassenberg, K.（2009）. Intended and unintended consequences of internal motivation to behave nonprejudiced: The case of benevolent discrimination. *European Journal of Social Psychology, 39,* 1093-1108.

深町 珠由（2018）．職業適性検査の実施についてふりかえる——厚生労働省編一般職業適性検査（GATB）の活用実態からみた一考察　キャリア教育学会第40回研究大会発表論文集，15．および当日配布資料

Gelatt, H. B.（1989）. Positive uncertainty: A new decision-making framework for counseling. *Journal of Counseling Psychology, 36,* 252-256.

Gelatt, H. B., & Gelatt, C.（2003）. *Creative decision making: Using positive uncer-*

tainty (revised edition.). Boston, MA: Thomson Course Technology.

Granovetter, M. (1973). The strength of weak ties. *American Journal of Sociology, 78,* 1360-1380.

Gul, P., & Kupfer, G. T. R. (2018). Benevolent sexism and mate preferences: Why do women prefer benevolent men despite recognizing that they can be undermining? *Personality and Social Psychology Bulletin, 45,* 146-161.

速水　健朗（2008）．自分探しが止まらない　ソフトバンク新書

Hochschild, A., & Machung, A. (1989). *The second shift: Working parents and the revolution at home.* New York, NY: Viking Penguin.

乾　彰夫（2010）．学校から仕事への変容と若者たち——個人化・アイデンティティ・コミュニティ——　青木書店

岩間　夏樹（2010）．若者の働く意識はなぜ変わったのか——企業戦士からニートへ——　ミネルヴァ書房

Kanter, R. M. (1977). *Men and women of the corporation.* New York, NY: Basic Books.
（カンター，R. M.　高井　葉子（訳）（1995）．企業のなかの男と女　生産性出版）

Kapitanoff, S., & Pandey, C. (2017). Stereotype threat, anxiety, instructor gender, and underperformance in women. *Active Learning in Higher Education, 18* (2), 213-229.

菰田　孝行（2006）．大学生における職業価値観と職業選択行動との関連　青年心理学研究, *18,* 1-17.

森永　康子（2017）．「女性は数学が苦手」——ステレオタイプの影響について考える——　心理学評論, *60*(1), 49-61.

Parsons, F. (1909). *Choosing a vocation.* Boston, MA: Houghton, Mifflin and Company.

Pryor, R. G., & Bright, J. E. (2011). *The chaos theory of careers: A new perspective on working in the twenty-first century.* New York, NY: Routledge.

武田　圭太（2016）．「私」を選択する女性心理　学文社

田中　俊之（2015）．いまなぜ男性学なのか——男性学，男性性研究から見えてきたこと——　*DIO, 304,* 4-7.

Taylor, K. M., & Betz, N. E. (1983). Application of self-efficacy theory to the understanding and treatment of indecision. *Journal of Vocational Behavior, 22,* 63-81.

鵜飼　洋一郎（2007）．企業が煽る「やりたいこと」——就職活動における自己分析の検討から——　年報人間科学, *28,* 79-98.

浦上　昌則・高綱　睦美・杉本　英晴・矢崎　裕美子（2017）．Planned Happenstance 理論を背景とした境遇活用スキルの測定　南山大学紀要アカデミア　人文・自然科学編, *14*, 49-64.

索　引

《監修者紹介》

川畑直人（かわばた　なおと）
　　京都大学大学院教育学研究科博士後期課程中退　博士（教育学）
　　William Alanson White Institute, Psychoanalytic Training Program 卒業
　　公認心理師カリキュラム等検討会構成員，同ワーキングチーム構成員
　　公認心理師養成機関連盟　理事・事務局長
　　現　在　京都文教大学臨床心理学部　教授　公認心理師・臨床心理士
　　主　著　『対人関係精神分析の心理臨床』（監修・共著）誠信書房，2019年
　　　　　　『臨床心理学——心の専門家の教育と心の支援』（共著）培風館，2009年　ほか

大島　　剛（おおしま　つよし）
　　京都大学大学院教育学研究科修士課程修了
　　17年間の児童相談所心理判定員を経て現職
　　現　在　神戸親和女子大学発達教育学部　教授　公認心理師・臨床心理士
　　主　著　『発達相談と新版Ｋ式発達検査——子ども・家族支援に役立つ知恵と工夫』（共著）明石書
　　　　　　店，2013年
　　　　　　『臨床心理検査バッテリーの実際』（共著）遠見書房，2015年　ほか

郷式　　徹（ごうしき　とおる）
　　京都大学大学院教育学研究科博士後期課程修了　博士（教育学）
　　現　在　龍谷大学文学部　教授　臨床発達心理士・学校心理士
　　主　著　『幼児期の自己理解の発達——3歳児はなぜ自分の誤った信念を思い出せないのか？』（単
　　　　　　著）ナカニシヤ出版，2005年
　　　　　　『心の理論——第2世代の研究へ』（共編著）新曜社，2016年　ほか

《編著者紹介》

中間玲子（なかま　れいこ）
　　京都大学大学院博士後期課程修了　博士（教育学）
　　現　在　兵庫教育大学大学院学校教育研究科　教授
　　主　著　『自尊感情の心理学——理解を深める「取扱説明書」』（編著）金子書房，2016年
　　　　　　『問いからはじめる発達心理学——生涯にわたる育ちの科学』（共著）有斐閣，2014年
　　　　　　ほか

《執筆者紹介》

中間玲子（なかま　れいこ）編者，序章，第10章，第11章，第12章
　　兵庫教育大学大学院学校教育研究科　教授

宇津木成介（うつき　なりすけ）第1章
　　神戸大学　名誉教授

伊藤美加（いとう　みか）第2章
　　京都光華女子大学こども教育学部　教授

木村健太（きむら　けんた）第3章
　　国立研究開発法人産業技術総合研究所人間情報インタラクション研究部門　主任研究員

川本哲也（かわもと　てつや）第4章，第8章
　　国士舘大学文学部　講師

小塩真司（おしお　あつし）第5章，第7章
　　早稲田大学文学学術院　教授

稲垣　勉（いながき　つとむ）第6章
　　鹿児島大学学術研究院法文教育学域教育学系　講師

田中健夫（たなか　たけお）第9章
　　東京女子大学現代教養学部　教授

安達智子（あだち　ともこ）第13章
　　大阪教育大学教育学部　教授

公認心理師の基本を学ぶテキスト⑨

感情・人格心理学
——「その人らしさ」をかたちづくるもの——

2020年10月1日　初版第1刷発行　　　　　　　　〈検印省略〉

定価はカバーに
表示しています

	川 畑 直 人
監 修 者	大 島 　 剛
	郷 式 　 徹
編 著 者	中 間 玲 子
発 行 者	杉 田 啓 三
印 刷 者	田 中 雅 博

発行所　株式会社　ミネルヴァ書房

607-8494　京都市山科区日ノ岡堤谷町1
電話代表　(075)581-5191
振替口座　01020-0-8076

ⓒ中間玲子ほか, 2020　　　　　創栄図書印刷・藤沢製本

ISBN978-4-623-08710-5

Printed in Japan

公認心理師の基本を学ぶテキスト

川畑直人・大島　剛・郷式　徹　監修

全23巻

Ａ５判・並製・各巻平均220頁・各巻予価2200円（税別）

───────── ミネルヴァ書房 ─────────

https://www.minervashobo.co.jp/